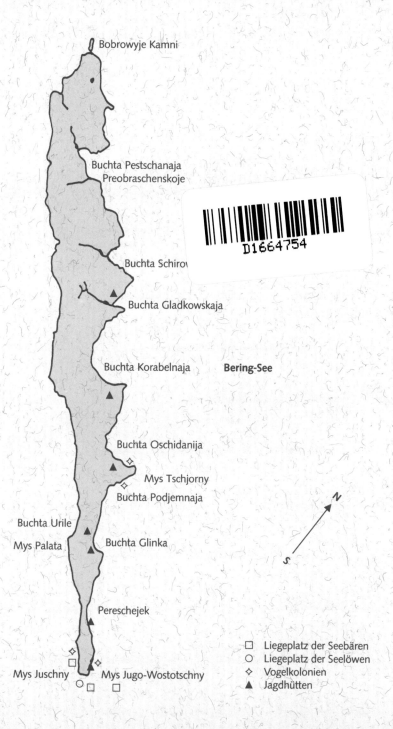

Die Medny-Insel – Ostrow Medny

Bobrowyje Kamni

Buchta Pestschanaja
Preobraschenskoje

Buchta Schirov

Buchta Gladkowskaja

Stiller Ozean

Buchta Korabelnaja

Bering-See

Buchta Oschidanija

Mys Tschjorny

Buchta Podjemnaja

Buchta Urile

Mys Palata

Buchta Glinka

Pereschejek

Mys Juschny

Mys Jugo-Wostotschny

☐ Liegeplatz der Seebären
○ Liegeplatz der Seelöwen
◇ Vogelkolonien
▲ Jagdhütten

COMANDOR

COMANDOR

Leben am Ende der Welt

Texte, Fotografien
und Grafiken von
Karen Törmer
und
Ullrich Wannhoff

Inhaltsverzeichnis

An dieser Stelle möchten wir allen danken, die uns auf unseren Reisen, bei deren Vor- und Nachbereitung (wie der Veröffentlichung unseres Materials in diesem Buch) geholfen haben.

Zuerst gilt unser Dank Jan Oelker. Er begleitete Ulli auf der ersten Reise für mehrere Monate durch Kamtschatka. Beide „entdeckten" gemeinsam die Beringinsel. Dies war der Anfang. Nicht zuletzt fütterte er zusammen mit Peter Ulm, Udo Rumpel und Holger Wendland die Katze Eura während Ullis Expeditionen.

Andreas Tretner teilte mit Ulli die Strapazen auf den Kommandeurinseln im Jahr 1992. Er übernahm die Lektorarbeiten an unserem Buch. In einfühlsamer Weise brachte er Klarheit in unser Manuskript und setzte sämtliche Kommas an andere Stellen – vielen Dank.

Большое спасибо auch unseren russischen Freunden, der Familie Pasenjuk und der Familie Utkin, die uns mit viel Liebe aufnahmen und die Wege auf der Beringinsel und zur Medny-Insel eröffneten. Ebenso sagen wir den vielen Bekannten in Nikolskoje Dank, den Aleuten, die uns hilfreich zur Seite standen mit ihrer Gastfreundlichkeit in der harten Herrlichkeit der Natur, und dem Jagdkolchos für die Unterstützung mit Verpflegung und bei Transportschwierigkeiten.

Dankeschön auch den Mitarbeitern des Ökologischen Institutes in Petropawlowsk. Galja, Sascha und Ljonja Djakow, unsere Freunde in Petropawlowsk, sagen wir ebenfalls Большое спасибо друзьям. Sie halfen uns, vom Ausgangspunkt dieser Stadt zu den Kommandeurinseln zu gelangen, und erleichterten uns den Rückzug nach Europa.

Auf der Medny-Insel lernten wir Lena Kruchenkowa und Mischa Golzmann kennen, die uns später in Moskau freundlich aufnahmen – auch Ihnen Dank dafür. Ebenso bedanken wir uns für die hilfreiche Unterstützung des Reisebüros Trojka insbesondere bei Frau Vollstädt, die uns an russischer Bürokratie vorbeilenkte und manche Dinge erleichterte. Für die zoologische Beratung gilt unser Dank Frau Schniebs, Herrn Feiler, Herrn Eck und den Tierpräparatoren aus dem Dresdner Tierkundemuseum.

Thank you very much Monique Madigan und Monty Osewald für die englische Übersetzung.

„Den letzten beißen die Hunde" – vielen Dank Bernd Fischer. Er betreute die Produktion, gestaltete das Layout unseres Buches mit viel Engagement und brachte unser Konzept in sichtbare Zeichen.

Karen Törmer
Das ferne Land

Als ich im Juni 1994 für vier Monate auf die Kommandeurinseln flog, trieb mich nicht das wissenschaftliche Interesse. Ich war neugierig auf die mir unbekannte Gegend und auf die Menschen, besonders die Aleuten, die ihre Wurzeln hier haben.

Auf das Leben im fernen Osten Rußlands freute ich mich: allein oder zu zweit, in und mit der Natur leben. Dabei war es mir nicht wichtig, viele verschiedene Orte zu sehen, „rumzukommen". Ich wollte wissen, was passiert mit mir, wenn ich monatelang ohne die künstliche Geschäftigkeit der Stadt, ohne Ausfüllung durch den Beruf, ohne Freunde und Bekannte und ohne Literatur bin. Zu Hause macht es mich unzufrieden, viel Zeit mit Kochen, Heizen und so weiter zuzubringen. Hier wird es lebensnotwendig und selbstverständlich. Auch durch diese Tätigkeiten passiert Auseinandersetzung mit der Umgebung, der Natur.

Wir laufen durch die Tundralandschaft und freuen uns an ihrer Schönheit. Wir freuen uns aber auch sehr, als wir *Petruschka* entdecken – eine Art Petersilie, die uns das Gemüse ersetzt und Vitamine liefert. Im August finden wir sogar ein paar Stellen mit zuckersüßen Heidelbeeren. Kehren wir von unseren Ausflügen in die Hütte zurück, sammeln wir den Rucksack voll Holz. Bei dem oft sehr feuchten Wetter ist es gut, immer einen trockenen Vorrat zu haben. An manchen Uferzonen liegt, durch die Strömung bedingt, sehr viel Holz, dann wieder kilometerweit gar nichts. Das Holz in unmittelbarer Nähe der Hütte heben wir uns erstmal für schlechte Zeiten auf – Ökonomie der Kräfte.

Ich stelle fest, daß mir nichts fehlt. In dieser Umgebung brauche ich sehr wenig, um ausgefüllt zu sein. Die den Tag füllenden Tätigkeiten sind auf ihre Weise „ganz normal". Das Besondere und Eindrucksvolle liegt in der notwendigen Eingliederung in den Rhythmus der Natur, in der stärkeren Empfindsamkeit. Fühlen und Erleben ist nicht mehr so unmittelbar mit dem Kopf verbunden. Die „Freizeit"beschäftigungen sind im Zusammenhang mit dem Notwendigen. Von den Fischen, die wir essen, trockne ich die Häute in Rahmen aus Strandgut. Die Motive unserer Zeichnungen sind Vögel, Fische und Landschaft, das Material: Seehundfett und Kohle.

9

Steller schreibt über die täglich notwendigen Arbeiten in seinem Tagebuch:

Da man auch in Ermangelung eines Ofens kein ordentliches Brot backen konnte, so wurden daraus nach russischer Art kleine Kuchen (Aladi) in Seehund- oder Walfischtran, zuletzt aber in Manatifett gebraten und an die Mannschaft nach der Zahl ausgeteilt. Erst nach Verlauf von beinahe zwölf Monaten, da wir vor unserer Abreise zwei Öfen zustande brachten, hatten wir die Wollust, einmal wieder Brot zu essen…

Die zweite hauptsächliche Bemühung bestand im Holztragen, welches für eine der größten und schwersten Arbeiten gehalten wurde, da außer niedrigem Weidengebüsch nicht ein Baum auf dem ganzen Eilande anzutreffen war, das von der See ausgeworfene Holz aber nicht allzu häufig, bald eine Arschin, bald bis auf einen Faden unterm Schnee begraben lag. Was davon in der Nähe vorhanden war, wurde gleich im Anfang zum Bau der Hütten und zum Brennen weggesammelt. Wir trugen aber sowohl die Seetiere als das Holz vermittels eines Querholzes vor der Brust, mit Stricken gebunden, und eine gewöhnliche Ladung betrug 60 und meistenteils bis 80 Pfund, ohne die Äxte, Kessel, Schuster- und Schneidergerätschaft, die ein jeder bei sich haben mußte, um die ganz abgetragenen Kleider und Schuhe immer zu flicken, sowie sich ein Riß darin ereignete…

Die dritte Arbeit war die Bestellung der Ökonomie, da beständig gekocht werden mußte, um die Arbeiter, sie mochten nach Hause kommen wann sie wollten zu sättigen. In unserer war demnach die Einrichtung gemacht, daß täglich einer oder ein paar Deutsche und Russen auf die Jagd, die übrigen aber nach Holz gingen und ein Deutscher mit einem Russen die Küche besorgte.

A remote land When I flew to the Commander Islands for four months in June 1994, I was not driven by scientific interest, I was curious about the unknown region and the people, especially the Aleuts whose roots are to be found there.

I looked forward to life in Russia's Far East, alone or the two of us living with nature. At the same time it wasn't important for me to see many different places, "to get around". I wanted to know what would become of me without the normal things that occupy people in a busy city, without my profession, without friends and aquaintances and without literature for several months. At home I was unhappy when I had to spend a lot of time cooking or heating the stove, but here these activities become essential for survival. It is through these activities that I confront nature.

We walk through the tundra landscape and are struck by its beauty, and we are very pleased when we discover Petruschka – parsely – which substituted as our vegetables and gave us necessary vitamines. In August we find several places with sweet huckleberries. When returning to our hut we fill the rucksack with wood. It is important to have a dry supply because the weather is so often very damp. Depending upon the current, some coast zones carry a lot of wood, then kilometres of nothing. We're saving the wood near our hut for bad weather – economy of strength.

I realise that I'm not in want of anything. In this environment I need very little to be fulfilled. The chores that fill the day are "totally normal". Being able to sense and conform to the rhythm of nature is a special feeling. At this time my feelings and experiences are not as regulated by my head. All my activities are related to what is essential. I eat the fish. I dry the skins which are stretched in frames made of driftwood. The motifs used in our drawings are birds, fish and landscapes; the material: seal fat and coal.

Ullrich Wannhoff
Vorbetrachtungen

Mein viermaliger Aufenthalt von 1991–1994 auf den Kommandeurinseln veranlaßt mich, das angestaute Material in Form eines Buches an die Öffentlichkeit zu bringen. In dieses Buch fließen Naturbeobachtungen und künstlerische Arbeiten als Polaritäten ein, die sich gegenseitig bedingen. Je länger ich auf den Kommandeurinseln verweile, um so mehr Fragen entstehen, die in dem Buch nicht beantwortet werden.

Es bleibt genug Raum für Naturwissenschaftler und Historiker, diese Lücken zu schließen. Auf die Schwierigkeiten möchte ich kurz hinweisen.

Ein geschichtlich umfassendes Bild abzugeben kommt einer Sisyphosarbeit gleich. Die barbarische und ziellose Plünderung der Pelztiere durch Jäger und Abenteurer wurde kaum in Daten erfaßt. Erst durch die Gründung der Russisch-Amerika-Kompanie wurden Quoten und Bilanzen eingeführt. Nach dem Verkauf des ursprünglich zum Zarenreich gehörenden Alaska an Amerika lagen die Kommandeurinseln weit abseits des eigentlichen Geschehens. Der Pelztierhandel war so gut wie zusammengebrochen. Der Gewinn blieb in bescheidenem Rahmen, so daß der moderne Fortschritt dieser Zeit die arme Bevölkerung kaum erreichte.

Die Oktoberrevolution 1917 und die Interventionskriege rissen im sibirischen Raum, und nicht nur dort, sichtbare Lücken auf. Ein Teil der intellektuellen Bevölkerung wanderte nach Amerika aus. Zehn Jahre später liquidierte man einen weiteren Teil in den Stalingefängnissen und Gulags.

In den zwanziger Jahren wurden viele ostsibirische Archive aufgelöst. Eine große Menge der ausgelagerten Akten liegt noch heute in Tomsk. Die koloniale Eroberung Sibiriens ging unter einer anderen diktatorischen Ideologie weiter. Viele Akten, die nicht in das sozialistische Bild paßten, verschwanden durch die eigenmächtige Regie kleiner Leute. So erging es dem Archiv in Petropawlowsk. Gleiches geschah auch im Ort Nikolskoje auf der Beringinsel. Nach der Renovierung des Museums fielen die letzten dort vorhandenen Akten dem Platzmangel zum Opfer.

Heute können aus Geld- und Transportschwierigkeiten die in Tomsk befindlichen Akten nicht in die ursprünglichen Ortschaften Ostsibiriens rückgeführt werden.

Das geschichtliche Material zog ich aus den wenigen verfügbaren Quellen der Bibliothek des Zoologischen Instituts in St. Petersburg. Andere Daten fand ich in deutschen Bibliotheken und Antiquariaten.

Ähnliche Probleme erlebte ich auf naturwissenschaftlichem Gebiet. Weit über siebzig Jahre blieben die Kommandeurinseln im Verborgenen. Erst im Jahre 1991, aus Anlaß der 250-Jahrfeier der Großen Nordischen Expedition, öffnete sich die Region. Leider verhinderte der Putsch in jenem Jahr den Besuch einer amerikanischen Delegation, die zu den Feierlichkeiten geladen war. Das Einreisevisum wurde nicht erteilt.

Für russische Wissenschaftler waren die nordsibirischen Landstriche ebenfalls schwer zugänglich. Umständliche Administrationen in zivilen wie in militärischen Bereichen waren Hindernisse, die es zu überwinden galt.

Viele Wissenschaftler drangen trotzdem in die Gebiete vor und veröffentlichten ihre Forschungsergebnisse. Leider blieben die Publikationen im eigenen Land. Ihre geringe Auflage hinterließ kaum Spuren in der Öffentlichkeit. Bis heute existieren viele ostsibirische Gebiete, besonders im Landesinneren, auf den Karten als „weiße Flecken".

Die naturwissenschaftlichen Methoden haben sich in den letzten Jahrzehnten enorm weiterentwickelt. Mit modernen Geräten wird immer mehr vom Mythos in der Beziehung zwischen Mensch und Natur genommen, Zusammenhänge werden offengelegt. Amerikanische und japanische Wissenschaftler überrollen konventionelle russische Auffassungen.

Auf Grund der schlechten wirtschaftlichen Lage versuchen die Einheimischen, Tourismus aufzubauen. Russische Wissenschaftler suchen internationale Kontakte und Partner, mit denen gemeinsam sie Projekte erarbeiten. Sibirien wird hauptsächlich vom Ausland erschlossen – eine traurige Tatsache, die in vielen wirtschaftlich armen Ländern alltäglich ist.

Reflections   *Having accumulated material during my four visits to the Commander Islands from 1991 to 1994 I was motivated to publish my findings in the form of a book. Observations of nature and artistic works enhance each other. The longer I dwell on the Commander Islands, the more questions arise. These will remain unanswered in this book.*

Historians and scientists have enough space to fill these gaps.

I would like to refer to some of the difficulties.

Deriving a historically extensive picture could be compared to the work of Sisyphos. The barbaric and purposeless plundering of the fur animals by trappers and adventurers was hardly recorded. Quotes and balances were first introduced, only after the foundation of the Russian-American-Company. After Alaska was sold to the United States by the Czar, the Commander Islands were located far away enough from the actual occurances that nobody worried about them.

The fur trade had almost collapsed. The economic situation remained difficult and modern advancement of this time hardly reached the poor population.

The October Revolution of 1917 and the Intervention Wars left sizable gaps in the population of Siberia, and not only there. A part of the intellectual population immigrated to America to escape the Stalin prisons and Gulags (workcamps).

During the twenties, many east Siberian archives were dismantled. A part of the evacuated documents are to be found in Tomsk today. The colonial conquest of Siberia continued under a different dictatorial ideology. Many files, that didn't fit into the Sozialist picture disappeared through high-handed management. That is what happend in the archive of Petropawlowsk, likewise in the village of Nikolskoje on the Bering Island. The last existing files dissapeared as they fell victim to changes and renovations of the museum site. Today, lack of funds and transportation difficulties prevent the files that are in Tomsk from being returned to the regions of East Siberia.

I experienced similar problems in gaining information in the field of natural sciences. The Commander Islands had been concealed for over 70 years. The 250th year anniversary of the Great Nordic Expedition in 1991 influenced the opening of this region. Unfortunately, the political coup of that same year prevented the visit of an American delegation which was invited to the festivities. Their entry visa was not granted.

The northern Siberian regions were also difficult to access for Russian scientists. Combersome civilian and military administrations were obstacles that had to be overcome.

Nevertheless, many scientists penetrated the region and published their findings. These however remained in their own country. The few editions which were available can hardly be traced in the public area. Even today there are many "white spots" on the East Siberian maps, especially in internal regions.

In past decades, there have been enormous developments in the methods used in the world of nature science. Through modern apparates, more of the mystic surrounding the relationship between man an nature slowly vanishes. Step by step the connections are uncovered.

American and Japanese scientists render the conventional Russian interpretations as obsolete. Because of the poor economic situation natives are trying to establish tourism. Russian scientists are seeking international contacts and partners with whom they can work jointly on projects. Siberia is chiefly developed by foreign countries, a sad fact which is a daily occurance in many economically poor countries of today.

BERING SEA

PACIFIC OCEAN

Ullrich Wannhoff
Steller – Ausgang meiner Reisen

Historische Karte
Ende 19. Jahrhundert
*Map of Bering Island
by L. Stejneger*

In Deutschland liegen die wissenschaftlichen Expeditionen in den Fernen Osten weit zurück und tief vergraben in alten, verstaubten Büchern.

Wer kennt schon solche Naturforscher wie Otto von Kotzebue, Adelbert von Chamisso, Carl Heinrich Merck, Ludwig Krebs und andere. Deutsche schlossen sich russischen Expeditionen an, die vor der Küste Alaskas, dem damaligen Russisch-Amerika, forschten. Noch vor ihnen reiste ein deutscher Forscher, auf den sich viele bis in die Gegenwart berufen: Georg Wilhelm Steller. Am 10. März 1709 wurde er im heutigen Bad Windsheim geboren. Sein früher Tod hinderte ihn, die umfangreichen Aufzeichnungen selbst zu verarbeiten und zu veröffentlichen. Der bedeutende Naturforscher Simon Pallas schreibt:

Dieses merkwürdige Tagebuch des nie genug zu bedauernden Steller ist mir im Jahre 1769 von den seeligen Professor der Geschichte Herrn Fischer, einem Freunde des fleißigen Stellers im Orginal mitgetheilt, und lasse hier das Tagebuch selbst folgen, aus welchem man sehen wird, wie richtig Steller in frühen Entdeckungszeiten über viele Punkte, die Lage und Beschaffenheit der Westküste von Amerika betreffend geurtheilt habe...

Leider fanden seine Schriften in der breiten Öffentlichkeit kaum Resonanz. Selbst unter den heutigen Naturwissenschaftlern weiß man sehr wenig über ihn. Nur sporadisch tauchen solche Namen auf wie Stellersche Seekuh, Stellerscher Seelöwe oder lateinische Namen wie *Polysticte stelleri* – Scheckente, *Cyanocitta stelleri* – Schwarzkopfhäher und *Veronica stelleri* – eine Art Ehrenpreis, die auf sein umfangreiches Werk hinweisen. Die Systematik der Fauna und Flora von Linné wurde nach Stellers Tod eingeführt, so daß seine Erstentdeckungen namentlich kaum in Erscheinung treten. Für mich Grund genug, ihm auf seinen Spuren zu folgen.

Georg Wilhelm Steller studierte Theologie in Wittenberg. 1731 begab er sich nach Halle, nachdem er schon vorher in Jena und Leipzig für kurze Zeit wissenschaftliche Studien betrieben hatte. An den Franckeschen Stiftungen verdiente er als Lehrer seinen Lebensunterhalt. In Berlin beendete Steller seine medizinischen Studien mit einer ehrenvoll bestandenen Prüfung. Leider ergab sich daraus nicht der erwünschte Lehrstuhl für Botanik. Er verließ Deutschland.

15

Im Erbfolgekrieg von 1734 um den Thron-Kandidaten, den Sohn Augusts des Starken, diente er in einem russischen Artillerieregiment. Seine Aufgabe war es, als Arzt einen Verwundetentransport nach Kronstadt zu begleiten. Eine zufällige Begegnung mit dem Erzbischof der russisch-orthodoxen Kirche Feofan Prokopowitsch verschaffte Steller eine Arbeit als Hausarzt bei diesem. Durch ein Gesuch an die Akademie der Wissenschaften in St. Petersburg verhalf der Erzbischof dem drangvollen Naturforscher, ebendort als Adjunkt einzutreten.

Das ermöglichte ihm die Teilnahme an der Großen Nordischen Expedition. Mit großem Eifer eilte er den Kamtschatka-Erforschern nach. In Sibirien löste er den deutschen Botaniker Gmelin ab. Vitus Bering leitete als Kapitän und Kommandeur die große Expedition und bat Steller, an der Fahrt nach Amerika als Arzt und Naturwissenschaftler teilzunehmen. Ziel der Reise war es, die amerikanische Westküste zu erkunden. Nach einer halbjährigen Irrfahrt und nur zehnstündigem Aufenthalt auf amerikanischem Boden strandete die Besatzung, von Skorbut geplagt, Anfang November 1741 auf einer unbekannten Insel. Neun Monate benötigten die Überlebenden der Mannschaft, um aus dem lecken Schiff St. Peter ein kleineres, seetüchtiges zu bauen. Im August 1742 trafen die inzwischen Totgeglaubten wieder in Petropawlowsk ein. Steller setzte seine Forschungen auf der großen Halbinsel Kamtschatka fort. Er konnte dabei auf die Pionierarbeit von Kraschenninikow, der Jahre zuvor den Landstrich durchreiste, aufbauen. Schließlich wurde er von der St. Petersburger Akademie zurückgerufen und trat 1745 seine verhängnisvolle Rückreise an. Am 12. November 1746 verstarb der Unglückliche mit 37 Jahren auf halbem Wege in Tjumen. Ihn hatte ein leichtes Fieber befallen, dem er zu spät Beachtung schenkte.

Vierundzwanzig Jahre später stand der Naturforscher Pallas vor dem schlichten Grab von Georg Wilhelm Steller, das mit einem schweren Stein bedeckt war.

… und wird so lange zu sehen sein, bis die Tura das hohe Ufer, worauf er steht, weggenagt haben und Stellers Gebeine mit den Mammutknochen ihrer entfernteren Ufer vermischen wird.

Erst nach Stellers Tod im Jahre 1746 wurden seine Schriften veröffentlicht. *Only after the death of Steller in 1746 his writings were published.*

Georg Wilhelm Stellers

ausführliche

Beschreibung

von sonderbaren

Meerthieren,

mit Erläuterungen und nöthigen Kupfern

versehen.

HALLE,

in Verlag, Carl Christian Kümmel,
1 7 5 3.

Die erste Reise zur Beringinsel 1991 Durch glückliche Umstände lernten wir, mein Freund Jan und ich, während unserer ersten Reise in die vulkanreiche Gegend Mittel-Kamtschatka einen freundlichen, angenehmen Russen kennen. Er lud uns zu einem Besuch auf die Beringinsel ein.

Wir fragten uns: wie dort hinkommen? Perestroika, für viele Menschen damals ein Hoffnungsschimmer, ließ auch uns hoffen, bei den örtlichen Behörden in der Gebietshauptstadt Petropawlowsk die Aufenthaltsgenehmigung zu bekommen. In der damaligen Sowjetunion waren die Kommandeurinseln unerreichbar. Die Begründung lautete: militärisches Sperrgebiet, wie alle Randzonen in der UdSSR. Erst seit wenigen Tagen wehte auf dem Parteigebäude die russische Staatsflagge. Schnell zogen bei den Behörden improvi-

Der Iljinski-Vulkan im Süden Kamtschatkas.
Iliyinsky volcano in Southern Kamchatka.

sierte Papierfähnchen auf den Schreibtischen ein. Wir waren der guten Hoffnung, ebenso schnell eine Genehmigung zu bekommen. Schwerfällig und umständlich, wie es russische Art ist, aber es ging. Die Genehmigung berechtigte uns, die nötigen Flugtickets zu kaufen. Große Freude zog ein. Mit dem kleinen Flugzeug flogen wir über die herrliche Awatschabucht und an der Steilküste Kamtschatkas entlang, wo sich auf der linken Seite die imponierende Kulisse der schneebedeckten Vulkane zeigt. Kotzebue, Leutnant der Romanzoffschen Expedition, schilderte es am 19. Juni 1816 so:

Mit Tagesanbruch, nahmen wir bei günstigen Winde den Cours der Awatscha-Bay zu, der Tag war heiter, und ein prächtigen Anblick gewährte uns die hohe Küste Kamtschatkas, welche mit ihren Himmelanstrebenden, zuckerhutförmigen Bergen, deren schneebedeckte Gipfel in der Sonne glänzten, in freundlicher Majestät vor uns lag.

Das traumhafte Wetter hält an bis zur Zwischenlandung in Ust-Kamtschatsk. Danach flogen wir über das blaue Meer und tauchten kurz vor unserer Landung auf einer lockeren Schotterpiste in die Nebelschwaden der Beringinsel ein. Kaum haben wir die Insel betreten, kontrolliert uns das hier stationierte Militär. Mit Fragen wie *„was wollt ihr hier", „hier ist es langweilig", „hier gibt es nicht viel zu sehen"* und ähnlichem werden wir begrüßt. Freundlich bringt uns ein Militärkraftfahrer in das fünf Kilometer entfernte Dorf Nikolskoje. Zum Glück versagt das Auto erst im Ort. Es gibt nach mehrmaligen Versuchen zu starten seinen Geist auf. Achselzuckend fragen wir nach einem Hotel. *„Ja, dort unten am Meeresufer"* gibt man uns Auskunft. Das uns zugewiesene Zimmer in einer Flachbaracke ist erstaunlich sauber, einfach und ordentlich. Nicht lange, und die Polizei kontrolliert die Pässe. Heute (1994) existiert das Hotel nicht mehr. Die Scheiben sind eingeschlagen, das Mobiliar ausgeräumt, und langsam rottet es vor sich hin. Abends treffen wir zwei weitere Deutsche, die schon Tage zuvor mit dem Schiff aus Ust-Kamtschatsk hier ankamen. Natürlich sind sie aus Dresden, woher sonst – wenn jemand in das fernöstliche Sibirien fährt. Unser gemeinsames Ziel ist es, die 250-Jahrfeier der Großen Kamtschatka-Expedition mitzuerleben. Wir bleiben die einzigen Ausländer auf diesem Fest. Auf Grund des Putsches in der Hauptstadt, im August 1991, wurde der amerikanischen Delegation von Moskau aus das Einreisevisum nicht genehmigt. Für die staatliche Einrichtung bleiben wir mehr oder weniger geduldete Gäste. Dafür haben wir die einfache hier lebende Bevölkerung auf unserer Seite. Die zehn Tage verlaufen kurzweilig und hinterlassen einen nachhaltigen Eindruck bei mir. In den drei darauffolgenden Jahren halte ich mich insgesamt dreizehn Monate auf den Kommandeurinseln auf.

Erst im Jahre 1992 war es mir vergönnt, die berühmte Bucht „Kommandeur" aufzusuchen.

Im einzigen Ort dieser Insel, Nikolskoje, ein Fahrzeug zu besorgen, bereitet mir Kopfschmerzen. Benzinmangel und überhöhte Preise sind Hindernisse, in den ersehnten Süden zu fahren. Mir wird ein Tausch angeboten. Ich stelle für eine Staatsfirma mit dem Namen „Aglach" Dias bereit, die als Werbemittel den Tourismus fördern sollen. Dadurch komme ich „kostenlos" zu meinen Zielen. Die Dias überbrachte später ein Freund aus Deutschland, der in diese Gegend fuhr. Der gewünschte Tourismus blieb bis heute aus.

Erlebnisse und Eindrücke in der Kommandeurbucht und ihre Geschichte

Am 2. Juli 1992 fahren wir mit einem schweren Kettenfahrzeug in die siebzig Kilometer südlich vom Dorf gelegene Kommandeurbucht. Danach beginnt die Naturschutzzone, die es verbietet weiterzufahren. Mein ganzes Gepäck, für zwei Monate, setze ich aus dem Fahrzeug. Andreas, mit dem ich die beiden Monate vorher im nördlichen Teil der Insel und auf der Medny-Insel verbrachte, begleitet mich bis zur nächsten Hütte. Ein kurzer Tee, und wir verabschieden uns. Sein Weg verläuft nördlich der Kommandeurbucht. In einer Jagdhütte in der Bucht Polowina übernachtet Andreas. Am nächsten Tag läuft er über die Inselberge zum westlichen Ufer. Dort erwartet ihn Viktor, ein Lehrer aus dem Dorf, mit einer kleinen Kindergruppe, die hier abwechslungsreiche Tage verleben.

Anfang Mai sind die Berge in der Kommandeurbucht noch vom Schnee bedeckt.
At the beginning of May the hills of the Commander Bay are still covered in snow.

Am nächsten Morgen steht über mir ein blauer Himmel, und am Meereshorizont schiebt sich durch graue Schichten gelb fließendes Licht. Nicht lange, und die Sonne steigt auf. Das am Vorabend zerkleinerte Holz verbrennt schnell im Kanonenofen, aber für den heißen Tee reicht es. Ich laufe zur Kommandeurbucht, um die restlichen Sachen zu holen, die für meinen

einsamen Aufenthalt lebensnotwendig sind. Bei Ebbe zieht sich die sandige Uferzone weit aufs Meer hinaus – Glück im Unglück, als die Große Nordische Expedition Anfang November 1741 hier strandete. Der umsichtige Steller beschrieb es so:

Als endlich durch gutes Glück bei einem Sturm Ende November das Paketboot, besser als es vielleicht durch menschlichen Fleiß je hätte geschehen können, auf den Strand gesetzt ward und die Hoffnung zur Erhaltung der noch vorhandenen wiewohl wenigen Lebensmittel wie auch Materialien größer, die Arbeit aber, durch die See nach dem Fahrzeuge zu waten, auf einmal aufgehoben ward, machte man nach einigen Tagen den Anfang, von aller Arbeit fürs erste abzustehen und sich zu erholen. Nur die nötigen Hausarbeiten wurden fortgesetzt.

Der Tag wird ungewöhnlich warm. In der Windstille surren Tausende Mücken, die mich belästigen, während ich einen jungen Polarfuchs vor seinem Bau fotografiere. Über das Eingangsloch hängen die großen Blätter des Bärenklau. Lange, mit viel Geduld, warte ich vor einem der vielen Eingänge. Hoffentlich kommt er aus diesem, wo ich stehe. Seine drucksenden Töne nehme ich wahr. Zaghaft schaut aus dem Dunkeln die feuchte Nasenspitze mit den glänzenden Augen heraus. Das laute Geräusch der Kamera erschreckt ihn für Sekunden. Er flüchtet, um sich jedoch gleich wieder zu zeigen. Von weitem höre ich eine warnende Stimme – das abgebrochene Bellen der Mutter. Das Junge verzieht sich in den Bau. Für mich wird es Zeit, die berühmte Kommandeurbucht zu verlassen.

Bevor ich dies tue, möchte ich Erinnerungen aus meinem Tagebuch vom 1. Mai 1994 wiedergeben.

Am Vorabend war ich den ganzen Tag mit mir zerrissen gewesen. Die Fotografie, Beobachtungen, Präparieren, Knochen säubern, Zeichnen und Schreiben – alles Tätigkeiten, die auf einmal nicht zu schaffen sind. Der Tag mit seinen vierundzwanzig Stunden – viel zu kurz. Die Nacht war kalt, aber ich erwartete morgens schönes Wetter und faßte den Entschluß, in die Kommandeurbucht zu gehen. Am Vormittag zog ich einen Teil der toten Seevögel ab, die ich die letzten Tage aufgelesen hatte. Die Wolken schoben sich zusammen, so daß ich mit ruhigem Gewissen die Arbeit fortsetzte. Am zeitigen Nachmittag veränderte sich das Wetter schlagartig, was hier etwas ganz Normales ist. Der Himmel zeigte sein herrliches Blau, und schnell packte ich meine Siebensachen, um in drei Stunden in der Kommandeurbucht zu sein. Gegen 17 Uhr schlug ich dort mein Zelt auf, hundert Meter von der Flußmündung Richtung Inselinneres. Den Zeltboden unterlegte ich mit viel Schilfstroh, denn aus meiner Isomatte entwich die letzten

Ein neugieriger junger Polarfuchs (Alopex lagopus).
A curios young arctic fox.

Nächte die Luft. Schnell war das hier in großen Mengen angeschwemmte Holz für eine Feuerstelle gesammelt. Danach lief ich beschwerlich durch das verschneite Flußtal die Berge hinauf. Auf halber Höhe begegnete ich dem Alpenschneehuhn. In dem weißen Winterkleid tarnt es sich gut und ist von weitem schwer auszumachen. Hier hob es sich gegen den blauen Himmel und die vom Schnee freigewehte Landschaft gut ab. Die aus den Schneefeldern schauende niedrige Pflanzendecke bildet die Nahrungsgrundlage.

Für die damals gestrandete Crew um Vitus Bering war das Alpenschneehuhn die erste frische Fleischnahrung.

Als es Abend wurde kochte ich ein paar Morasthühner zu einer Suppe, und verzehrte dieses Gericht mit Herrn Plenisner, dem jungen Waxel, und meinen Kosaken.

Auch für die hier im Winter jagenden Einwohner sind die Vögel eine willkommene Bereicherung. Wir befinden uns in der Balzzeit, und so höre ich in der Ferne die knarrenden Töne der kämpfenden Männchen. Die Weibchen hört man das ganze Jahr über nicht. Sie halten sich vor der männlichen Eitelkeit zurück. Die letzten verlöschenden Sonnenstrahlen bringen die Schneefelder zum Glühen. Für mich ist es Zeit, über die Berge zurück in das Tal zu laufen. Unterwegs treffe ich auf Rentierspuren. Mond und Sterne schauen aus dem tiefen Blau leuchtend heraus, als ich am Feuer meinen Tee zubereite. Die Nacht wird kalt und klar. Das laute, rhythmische Gebell der

Polarfüchse höre ich bis in den frühen Morgen. Noch bevor es hell wird, stehe ich auf, wie so oft, wenn schönes Wetter sich ankündigt. Am östlichen roten Horizont erhebt sich die Sonne aus dem Stillen Ozean. Hinter mir leuchtet der Mond mit den Sternen, ohne zu verblassen. Langsam überflutet das Morgenlicht die Landschaft. Ich stehe ehrfurchtsvoll vor dem Grabkreuz Vitus Berings.

Das schlichte Holzkreuz hebt sich stolz und erhaben von der Umgebung ab. Am 8. Dezember 1741 verstarb Bering.

Steller schreibt:

So wie das klägliche Ende des nunmehr seeligen Herrn Kapitain-Commandeurs bey verschiednen verschiedne Eindrücke gemacht hat, so kann ich nicht umhin, hierbey etwas stillzustehen und einige vorläufige Umstände zu gedenken. Vitus Bering war von Geburt ein Dähne, ein rechtschaffner und frommer Christ, der Aufführung nach ein wohlgesitterter, freundlicher, stiller und bey dem ganzen Kommando, sowohl hohen, als gemeinen, durchgängig beliebter Mann.

… Wir begruben dessen entseelten Leichnam Tages darauf, nach protestantischen Kirchengebräuchen nahe bey unsrer Wohnung, wo er zwischen seinem Adjutanten, einem Commissario und zwey Grenadieren liegt, und setzen bey unsrer Abreise auf die Grabstätte, zum Merkmal ein hölzernes Kreuz, welches zugleich für die Besitznehmung des Landes gelten konnte.

Auf der Zeichnung des amerikanischen Gelehrten norwegischer Herkunft Leonhard Stejneger sehe ich auf einem kleinen Hügel in der Nähe des Meeresufers jedoch ein orthodoxes Kreuz und kein protestantisches.

Auf dem Foto von 1885, sicherlich vom Gouverneur Grebnetzki aufgenommen, sieht man neben dem orthodoxen Kreuz eine kleine Holzhütte mit Zelt, vor der zwei Personen stehen. Wie einer Fotografie von Suworow zu entnehmen ist, wurde später ein neues, hölzernes orthodoxes Kreuz gesetzt. Eingeritzt ist das Datum 1910. Im Jahre 1941 erinnert ein Lehrerkollektiv aus dem Dorf Nikolskoje an die Strandung der Crew um Bering mit einem ebenfalls orthodoxen Kreuz, das aus Rundeisen hergestellt ist und das Datum „15. Juni 1941" trägt. Es wurde von Sachartschuk fotografiert. Erst in den sechziger Jahren setzt man aus U-Stahlträgern ein schlichtes protestantisches Kreuz und kommt damit der früheren Bestattung, wie Steller sie beschrieb, am nächsten. Dieses Kreuz steht auf halber Berghöhe, um es vor den Naturgewalten am Ufer, wo sich das ursprüngliche Grab befand, zu schützen. Einige Meter daneben liegen sehr schöne geschnitzte Holztafeln, die an die Seelen der hier verstorbenen Seeleute erinnern.

Nachdem 1991 das Grab Vitus Berings von dänischen und russischen Aus-grabungswissenschaftlern gefunden wurde, kam das Skelett nach Moskau. Im Institut für Forensische Medizin konnte das Porträt Berings rekonstruiert werden. Ein Jahr später erfolgt die zweite Bestattung in der Kommandeur-bucht.

Obwohl ich nur sechs Kilometer entfernt in der Jagdhütte wohne, bleibe ich der Beisetzung fern. Die hochaufgebauschten politischen Zeremonien, mit viel Geld verbunden, und der alte Machtapparat wirken auf mich sehr befremdend. Durch spätere Zeitungsartikel und eine russische Fernseh-reportage erfahre ich mehr.

Ein russischer Seemann stiftete die geschnitzten Holztafeln zum Gedenken an die Große Nordische Expedition. *Wood carvings donated to commemorate the Great Nordic Expedition by a Russian sailor.*

Das wunderbare Morgenlicht verblaßt, und im hellen Tageslicht erlischt die satte Farbigkeit. Viele Spornammern, die vor einer Woche hier eintrafen, fliegen in kleinen Trupps an mir vorüber. Die Blüten der Strauchweiden stehen kurz vor ihrer Entfaltung. Der Fluß im hinteren Tal liegt im dicken Eis. Der warme Tag lädt ein, für zwei Stunden auszuruhen. Erstaunlich, wie viele Fliegen einem lästig werden. Ich laufe einige Kilometer Richtung Norden am Meeresufer entlang. Hier ist der Strand breit, und bei Ebbe legt das Meer große Sandflächen frei. Weit draußen sehe ich noch den kläglichen Rest der Wintergäste, wie Pfeifenten, Eisenten und Scheckenten, die sonst zu Tausenden die Küste umsäumen. Auf dem Rückweg treffe ich ein einzelnes Ren. Das ist ungewöhnlich, sonst beobachtete ich sie in kleineren Gruppen.

Ich schaue genauer durch das Schilf und sehe ein Neugeborenes. Mit wackligen Beinen, die Nabelschnur am Bauch hängend, richtet es sich zur Mutter auf. Ehrfurchtsvoll stehe ich, in sicherem Abstand, davor. Meine Fotoausrüstung bleibt in der Tasche, um die Tiere nicht zu beunruhigen. Während das Junge nach den Zitzen der Mutter sucht, leckt sie das Fell trocken. Dabei passiert es, daß das Junge umfällt. Ein neuer Versuch wird gestartet. Vom Norden ziehen dicke Wolken auf mich zu. Bevor es schneit oder kalter Regen einsetzt, sammle ich schnell trockenes Holz und stecke es unter das Zelt. Jetzt bereite ich ein Feuer vor, um die Abendmahlzeit zu genießen. Der Wind frischt auf, und mit ihm wird es immer dunkler. Kurzzeitig bricht aus den tiefhängenden grauen Wolken gebündeltes Sonnenlicht hindurch. Fasziniert stehe ich vor einer Lichtdramaturgie, wie sie am Theater nicht besser sein kann. Gedanken an Webers „Freischütz" oder Wagners „Tannhäuser" werden wach. Meinen heißen Tee schlürfe ich langsam in mich hinein und lasse den Tag rückwirkend vorbeiziehen. In das Flußtal der Kommandeurbucht fliegen mit lautem Geschnatter ein Paar Spieß- und ein Paar Stockenten hinein. Es wird Zeit, mich zur Ruhe zu begeben. In der Nacht schlafe ich ein, ohne einen Gedanken daran zu verschwenden, früh aufzustehen. Am Morgen zeigt sich das Wetter von der normalen Seite, nämlich bewölkt. Am späten Vormittag weht ein heftiger Wind. Nach dem Essen und kurzem Aufwärmen am Feuer packe ich meine Siebensachen. Mein Zelt beschwere ich mit Steinen, damit es beim Zusammenlegen nicht davonfliegt. Leichter Schneeregen setzt sich mit stürmischem Wind auf die Küstenlandschaft.

Genau einen Monat zuvor, am 1. April, fuhren mich mein Freund Sergej und sein Sohn Dima mit dem Motorschlitten an der Kommandeurbucht vorbei. Alles ist tief verschneit, und nur die Uferzonen werden von Flut und Ebbe schneefrei gehalten. Die Möglichkeit, am steinigen Ufer weiterzufahren, bleibt uns versagt. Die Gummiketten würden dem scharfkantigen Gestein nicht lange standhalten. Über die Berge zu fahren, in den weichen Schnee – ein Ding der Unmöglichkeit. So schleppe ich einen Teil meiner Sachen in die nächste Bucht. Sergej versucht am steilen, schrägen Berghang, ohne das Gleichgewicht zu verlieren, langsam mit dem Schlitten entlangzufahren. Milchig fließendes Licht wird zunehmend dunkler. In der Finsternis fahren wir zu der ersehnten Jagdhütte. Am nächsten Tag hole ich aus der Kommandeurbucht mein letztes Gepäck, das wir aus Gewichtsgründen über Nacht hier ließen. Strahlender Sonnenschein überflutet die weiße Pracht. Zwei Kreuze, das hölzerne unten am Originalgrab und das eiserne auf halber Berghöhe, schauen einsam heraus. Erinnerungen an die Romantiker werden wach, wie

Caspar David Friedrichs Riesengebirgsbilder im Winter. Ich genieße die Einsamkeit, bevor Sergej, der mir auf halbem Wege entgegenkommt, mein Gepäck mit dem Motorschlitten zur Hütte bringt.

Oft bildet die Kommandeurbucht die Ausgangsposition für weitere Unternehmen. Hier gibt es keine Jagdhütten, und man ist gezwungen, in die nächsten südlicheren Buchten zu laufen. So auch damals, am 3. Juli 1992, als ich mein letztes Gepäck, dreimal hin- und herlaufend, in die *Kislaja* Bucht trage. Nach kurzer Verschnaufpause geht es an den steilen, schrägen Felswänden vorbei. Der untere Bereich ist voll von schlammigem Sand, der am Ufer zu kieselartigen Steinen ausläuft. Aus dem oberen Teil schauen zerklüftete Felsmassive heraus. Tausende Eissturmvögel fliegen diese Wände an. Ich habe leider keine Zeit, ihren segelnden Flug zu bewundern, denn das schwere Gepäck lastet auf mir. Da ist das *Tolstoi*-Kap. Es heißt, wörtlich übersetzt, das dicke Kap. Die Sicht ist außergewöhnlich gut. Am Horizont sehe ich Land. Die Insel *Medny*, auf deutsch Kupfer-Insel, zeigt ihr schroffes Gebirge über dem Meer. Eine Strecke von etwa fünfundzwanzig Kilometern liegt dazwischen. Am 16. August 1742, nach neunmonatigem unfreiwilligen Aufenthalt auf der Beringinsel, durchfuhr die stark dezimierte Mannschaft um Steller diesen „Meereskanal". Ich laufe weitere hundert Meter. Auf meiner Uferseite sehe ich von weitem senkrechte Felswände. Schnell taucht bei mir die Frage auf: Liegt die Hütte dahinter oder davor? Wie komme ich über die Berge, oder kann ich am schmalen Ufer entlang-

Einsame Rentiere
(Rangifer tarandus).
Lonesome caribous.

25

gehen? Zu meiner Überraschung liegt die Hütte kurz vor mir. Die schrägen Felswände, die zur Buchtmitte hin terrassenartig abfallen, verdeckten mir die Sicht. Ein Schrei der Entlastung und mein Gepäck sinkt auf den Boden nieder. Jetzt gilt es noch zweieinhalbmal den gleichen Weg hin und her zu laufen, um die Verpflegung für die lange Zeit zu sichern. Oft geht es über steiniges Geröll oder feinen Kies. Beides läuft sich unterschiedlich schwer. Welch ein Gefühl: acht Wochen, ohne Menschen. Meine ersten Ausflugsschritte führen mich Richtung Süden, zu einer bei Ebbe breit auseinanderlaufenden Flußmündung, der Peredowaja. Alle Buchten tragen die gleichen Namen wie die Flüsse. Fünfhundert Meter weiter zeigt sich der erste überhängende Fels, der mir viel Respekt einflößt. Das ist nur der Anfang einer kilometerlangen Felskette. Ängstlich und mit großer Ehrfurcht stehe ich vor den frisch gefallenen Gesteinsbrocken, deren Spuren deutlich sichtbar sind. Es ist unmöglich, an den Felswänden zu klettern. Die Steine liegen sehr locker darauf. Die kleinste Berührung, und sie rieseln herunter. Über die großen möchte ich nicht schreiben. Nicht umsonst warnte man mich im Dorf, auch davor, allein durch die wilde Natur zu laufen. Immer wieder bin ich diesen Fragen ausgesetzt: Was wäre, wenn…, wer hilft dir… und so weiter. Fragen, die ich schon aus meiner Kindheit kenne. Jetzt sind es Erwachsene, die Erwachsene fragen. Mit der lakonischen Antwort: „Gefahren lauern überall" versuche ich abzuwehren. Müßig, darüber zu reden.
Sehr respektvoll laufe ich den schmalen, steinigen Küstenstreifen entlang. Dicht hinter mir prasseln kleine Steine ins flache Wasser. Schnell vergrößere ich den Abstand zu den Felswänden, was bei Ebbe kein Problem ist. Die kniehohen Gummistiefel erlauben mir nicht, schnell zu laufen, trotzdem komme ich vorwärts. Bei einem guten Schritt laufe ich drei Stunden an der sechs Kilometer langen, zerklüfteten Felskette entlang. Sie ist Brutplatz für Tausende Seevögel, die ihre Jungen großziehen, um dann auf dem offenen Meer zu überwintern. Ein überwältigender Eindruck, in vieler Hinsicht – die steilen Felswände, die Vogelkolonien, der Lärmpegel, die zerklüfteten Riffe und die bei Flut hereinkommenden Wellen, die weißschäumend zerschellen. Welch ein erstarrtes Schauspiel steht vor mir. Wie hat die Erde gebebt. Vulkanausbrüche ließen die Insel entstehen. Die heiße Lava brodelte ins kalte Meer. Schichten auf Schichten folgten, die bizarre Formen von kleinen Türmchen und Hütchen bildeten. Formen entstanden, ähnlich denen, wie wir sie als Kinder mit nassem Sand als Kleckerburgen am Ostseestrand errichteten. Den Ausfluß der jetzt erkalteten Lava spüre ich hautnah. Scharfkantig liegen bei Ebbe die Gesteinsfelder frei. Spuren unterschiedlicher Flußschmelze zeigen interessante Strukturen. Einschlüsse tierischer und

mineralischer Art projizieren in uns ästhetische Bilder. Die Lavaströme formten treppenartige Gebilde, die bei Ebbe weit zu sehen sind. Ich liebe Dich. Die untermeerische Reliefplatte weist im Nordpazifikraum große, tiefe Spalten auf, deren Risse sich von Japan hinauf bis nach Kamtschatka ziehen und im rechten Winkel in der Aleuteninselkette fortsetzen. Noch heute rufen sie aktiven Vulkanismus und viele Erdbeben hervor. Mehrere kleine Erdbeben habe ich auf der Insel erlebt. Zum Glück verliefen sie alle in der Nacht, und ich war nicht am Tage den steilen Felswänden am schmalen Küstenstreifen ausgesetzt. Am Morgen sah ich die gefallenen Felsbrocken. Bei meinen mehrmaligen Besuchen konnte ich die Veränderungen der Landschaft häufig feststellen. Steller äußerte sich in dieser Form:

Die größten Veränderungen auf diesem Eiland mögen von Erdbeben und hohen Wasserfluten entstehen. Man hat deutliche Merkmale von mächtigen Überschwemmungen an dem soweit auf das Land und zwischen die Gebirge in das Land hinein verschwemmten Treibholze, Walfischknochen und ganzen Skeletten von Seekühen. Erdbeben ereigneten sich dreimal; darunter war das jenige, welches den 7. Februar um 1 Uhr nachmittags bei einem Westwinde erfolgte, das heftigste und dauerte ganze 6 Minuten. Während des Erdbebens Ende August 1992 rüttelte meine Hütte und knirschte laut, so daß ich dachte, sie würde jeden Moment einstürzen. Das Meer war ruhig, und klarer Sternenhimmel lag über mir.

Georg Wilhelm Steller schrieb von unpassierbaren Stellen, die auf der Karte mit dem russischen Wort *Nepropusk* eingetragen sind. Noch heute sehe ich auf den von Hand gezeichneten und kopierten Karten einige Kaps beziehungsweise Riffe mit diesem Namen. Farbige Karten gibt es für den zivilen Bereich bis heute nicht. Selbst in den militärischen Karten erkenne ich manches Ungereimte, was bei der Unberührtheit der Gegend, vor allem im südlichen Bereich der Beringinsel, allzuverständlich ist. An einigen Stellen ziehen sich Wassergräben bis tief in die Felswände hinein. Diese überquere ich mit dem Rucksack über dem Kopf durch brusthohes Wasser. Bedingung ist, daß die See ruhig bleibt. Bei dem scharfkantigen Gestein behalte ich die Gummistiefel an. Die Wassertemperatur steigt nicht über zehn Grad Celsius. Größere Schwierigkeiten bereitet mir der glitschige Meerkohl. Mit Meerkohl – *Morskaja Kapusta* – ist der Meerestang gemeint, der unserem Zuckertang (*Laminaria*) ähnelt. Aus dieser Meerespflanze wird der Meerkohlsalat bereitet. Die Flut holt ihn tonnenweise ans Ufer und belegt über Hunderte Meter die steinige Strandzone damit. Der Ausdruck „wie auf Eiern laufen" ist noch geprahlt. Unberechenbar wird jeder Schritt und erfordert eine ständige Konzentration auf den Boden. Eine Überanstrengung der Kniegelenke bei längerem Laufen ist die Folge. Dagegen gleiten See-otter und Seehunde geschmeidig dahin, wenn Gefahr droht. Vorsorglich kaufte ich mir in Deutschland eine Watlatzhose, die bei meinem nächsten Aufenthalt über viele feuchte Probleme hinweghelfen sollte, aber der Nach-teil offenbart sich sofort. Nach einer längeren Strecke bin ich genauso naß wie die Jahre zuvor. Das Schwitzwasser sammelt sich in meinen Sachen, die ich hinterher auswringen kann. Für stille Tierbeobachtungen und Tierfoto-grafie, wenn nur kurze Strecken zurückzulegen sind, ist die Hose in der feuchten Tundralandschaft jedoch einfach phantastisch.

Die kilometerlangen Felswände ziehen sich am östlichen Ufer von der Pere-dowaja bis zur Südspitze *Monati* herunter. Sie werden unterbrochen durch Buchten, die schmale, aber auch breite Täler bilden. Mäanderhaft schlän-gelt sich der Fluß aus dem Inneren der Insel zum Meeresstrand. Das Fluß-bett an der Mündung zum Meer ist durch die Gezeiten ständigen Verände-rungen unterworfen. Bei Ebbe läuft der Fluß oft meterlang parallel zum Meeresufer, ehe ihm der Durchbruch an einer schwachen Stelle gelingt. Die hereinbrechende Flut reißt die Flußuferzonen auf, erweitert diese, und das salzige Meerwasser vermischt sich mit dem Süßwasser. Es dringt fünfzig bis hundert Meter, je nach Steigung des Flußes, in das Inselinnere ein. Wäh-rend der Lachszeit ziehen Tausende von Fischen bei Flut in die Flüsse.

Tränke und Mauser an den Flußmündungen Die Flußmündungen sind die idealen Mauser-plätze der Möwen. Tausende Klippen- und Drei-zehenmöwen treffen sich hier und baden ihr Gefieder aus. Sie fliegen hundert Meter in den Fluß hinein und setzen sich auf die fließende Wasseroberfläche. Dabei rütteln und schütteln sie ihr Ge-fieder und tauchen unentwegt ihr Köpfchen in das Wasser. Leise wispernde Töne sind zu hören, die ich als Wohlgefallen deute. Kurz vor dem Meer angekommen, fliegen sie wieder hundert Meter flußeinwärts. Diese Proze-dur wird des öfteren wiederholt. Danach ruhen die Möwen am Meeresufer und trocknen ihr Gefieder. Wie die Soldaten, in einer Richtung aufgereiht, stehen sie gegen den Wind. Die Uferzonen der Flußmündungen sind von Tausenden weißen Federn umsäumt.

An geschützten Stellen des Flußufers sammeln sich viele Mauserfedern.
Moulted feathers gathered on a sheltered riverbank.

Im August hat die Mauserzeit ihren Höhepunkt. Nicht nur die Klippen- und Dreizehenmöwen belegen die Plätze. Die Beringmöwe, unserer Silber-möwe ähnlich, verdrängt andere Vögel an den Mauserplätzen. Ich konnte die unterschiedlichen Vogelarten zu verschiedenen Tageszeiten beobachten. Die streitsüchtige Großmöwe kam mit den anderen, kleineren Möwenarten nicht in Berührung. Nur vereinzelt sah ich unter den Klippenmöwenkolonien junge Beringmöwen.
In der Zeit von April bis Mai trafen kurz nach Sonnenaufgang die schönen Kragenenten ein. Pünktlich, ich konnte die Uhr danach stellen. Mit Scheu und großer Vorsicht schwimmen sie an die Flußmündung heran. Oft macht

das weibliche Tier den Anfang und wagt die ersten Schritte ans Ufer. Danach folgen die anderen und trinken vom köstlichen Flußwasser. Der größere Teil bleibt jedoch schwimmend kurz vor der Flußmündung und badet, im Gemisch von Meerwasser und dem hereinfließenden Süßwasser, das Gefieder aus. Flüchtet eine Kragenente aus irgendeinem Grund, so tun es ihr die anderen eilig nach. In der Übergangszeit vom Winter zum Frühjahr zieht es auch die Scheckenten an die Flußmündungen. Oft vergesellschaften sie sich mit den Kragenenten und gehen an der Mündung nicht an Land. Sie treffen erst am frühen Vormittag ein. Dagegen erscheinen die Eiderenten noch später am Vormittag. Mit ihrem intensiv orangenen Schnabel unterscheiden sie sich von der europäischen Art, die einen gelben Schnabel trägt. Vorsichtig watscheln sie mit ihrem schweren Körper die Flußmündung aufwärts. Es ist Ebbezeit, so daß sie nach Entenart mit den Beinen halb im Flußwasser stehen und trinken.

Jede Vogelart hat ihre Zeiten.

Die bei der Schneeschmelze im Sommer zurückweichende Wassermenge bildet kleine Sand- oder Kieselbänke im Fluß. Viele Singvögel wie Spornammern und Petschorapieper sind häufig hier anzutreffen, ebenso die in kleineren Trupps vorbeiziehenden Schneeammern. Spät abends, bevor die Dämmerung hereinbricht, wird es an der Flußmündung laut. Ich vernehme eindringlich die herrlichen Töne der Mongolenregenpfeifer. Sie belegen weit bis in die Nacht die Strandzonen der Flußmündungen. Dazu gesellen sich die Beringstrandläufer, die in kleineren Gruppen anzutreffen sind.

Der Polarfuchs

Ein Polarfuchs beobachtet mich in der Hütte. Graphit
An arctic fox watches me in the hut. Pencil drawing

Zu unregelmäßiger Tageszeit läuft der Polarfuchs an die flach ins Meer verlaufende Flußmündung. Er hat jedoch keine Chance, die übervorsichtigen Vögel zu bekommen. Seine Spezialisierung sind abgestürzte und verunglückte Seevögel an den schmalen Uferzonen der Felswände. Heruntergefallene Gesteinsbrocken bilden ideale Schlupfwinkel und Unterkünfte für die Füchse. Vor den Eingängen liegen, besonders wenn Jungtiere da sind, verstreute Flügelreste von Klippen- und Dreizehenmöwen, Eissturmvögeln und Lummen, die er als Nahrung bevorzugt.

Bei reichlichem Angebot verzehrt er nur die Köpfe der Vögel, die wichtige Mineralien und Vitamine enthalten. Andererseits, im Winter und zeitigen Frühjahr, sucht er aus Mangel an Nahrung sehr intensiv im Meerestang nach Eßbarem. Die Besiedlungsdichte der Polarfüchse ist je nach Nahrungsangebot recht unterschiedlich. Danach richtet sich auch die Art und Spezialisierung der Beute. Polarfüchse, die ihre Welpen auf den Bergen großziehen, werden vor den Gelegen der Alpenschneehühner, Mongolenregenpfeifer, der Beringstrandläufer und deren Jungen nicht haltmachen. Im späten Winterausklang verfolge ich ihre Spuren im südlichen Teil der Insel. Sie verlaufen auf dem Berge parallel zur steilen Meeresküste. Im nördlichen, flacheren Teil der Insel konnte ich die Spuren bis weit ins Land finden. Die Aufzucht ihrer Welpen beobachtete ich alle Jahre aufs neue. Meine erste Fuchsmutterbegegnung fand in der Hütte statt. Während ich draußen Holz hackte, schlich sie sich durch die halbgeöffnete Tür hinein. Ich hörte eine offene Fleischbüchse klappern. Kurz darauf sah ich die Bescherung. Etwas schüchtern und zögernd verließ sie den Raum. Nach mehrmaliger Begegnung fraß sie sogar aus der Hand. Seitdem legte ich die Reste meiner Mahlzeit vor dem Hüttenfenster auf einen Hackklotz.

Bevor der Polarfuchs eintrifft, kommt ein flinker schwarzer Marder mit weißem Kehlfleck auf den Klotz gesprungen. Der amerikanische Mink gehört schon lange zur einheimischen Tierwelt. Ähnlich wie unser Waschbär aus Amerika entwich er vor Jahrzehnten aus der hier künstlich geschaffenen Nerzfarm. Seine Nahrung besteht vorwiegend aus dem Nachwuchs der Wandersaiblinge und Lachse, die hier in den Flüssen zur Welt kommen. Er ist ein ausgezeichneter Schwimmer und Taucher. Oft konnte ich seine Geschmeidigkeit bewundern.

Ein weiteres kleines Tier erscheint unverhofft und trippelt mühelos den Klotz hoch. Es besitzt eine stumpfe Schnauze, einen kurzen Schwanz und schönes, rötlich braunes Fell. Die Polarrötelmaus bevölkert zu Tausenden die bergige Tundralandschaft. Natürlich fühlt sie sich zu menschlicher Zivilisation hingezogen. Das ist auch der Grund, warum in den Jagdhütten alles

Eßbare aufgehängt wird. Mit Vorliebe knabbert sie an meinen Resten, der in der Pfanne klebenden angebrutzelten Mahlzeit. Nicht lange, und der bekannte Mäusekimmel liegt darin. Auch für mich wird es Zeit, die Pfanne aufzuhängen. Die Mäuse sind Tag wie Nacht aktiv. An ihr ständiges Getrippel in der Nacht habe ich mich schon längst gewöhnt. Ist eine Nacht mal ruhig, dann fehlt irgend etwas. In einer anderen Jagdhütte, die ich Mitte Mai aufsuchte, brachte die Polarrötelmaus, keine zehn Zentimeter von meinem Kissen entfernt, ihre Jungen zur Welt. Geschäftig lief sie am Schlafsack vorbei. Am nächsten Tag legte ich das ganze Nest behutsam in eine stille Ecke, wo sie ungestört ihre Kinder aufzog. Am Sommerende sah ich einige von den Rötelmäusen angeknabberte Pilzkappen. Ein Zeichen, daß sie auch für uns genießbar sind.

Nachdem die Maus ihr Futter vom Hackklotz genommen hat, dauert es nicht lange, und der Polarfuchs springt mit einen Satz darauf. Wie ein Zirkuselefant balanciert er auf der kleinen Fläche des Klotzes und holt sich den Rest der Nahrung. Mit Sicherheit lebt dieses Tier heute nicht mehr. Für meinen Freund Sergej ist es eine wichtige Hütte. Hier geht er im Winter für drei Monate allein auf Fuchs- und Rentierjagd. Die Jagd und der Lachsfang bilden die einzige Verdienstquelle in dieser harten Einsamkeit. Damals, zu Stellers Zeiten, waren die Füchse eine Plage. Hier ein kurzer Ausschnitt aus dem Tagebuch.

Die Steinfüchse welche sich nunmehr in unzähligen Schaaren bey uns eingefunden hatten, wurden durch den Anblick der Menschen, wider die Gewohnheit und Natur, immer zahmer, frevelhafter und der gestalt boshaft, daß sie alles Gepäck aus einanderschleppten, die lederne Sohlen zerfraßen, den Proviant zerstreuten, dem einen die Stiefel, dem andern Strümpfe, Beinkleider, Handschuhe, Röcke usw. welches alles unter freyen Himmel lag und wegen Mangel an gesunden Leuten nicht bewahrt werden konnte, stahlen und wegschleppten. Auch sogar eiserne und andere Geräthschaften, die ihnen nicht zur Nahrung dienen konnten, blieben dennoch nicht unberochen und bestohlen; ja es schien, daß diese schlimmen Thiere uns inskünftige immer mehr und mehr plagen und züchtigen würden, wie auch erfolgt ist; vielleicht um uns für den Hang nach den beliebten Kamtschatkischen Fuchsbälgen, wie die Philister auch mit Füchsen zu bestrafen. Es schien sogar, daß je mehr wir ihrer erschlugen und aus Rache, vor der übrigen Augen, auf das grausamste marterten, halbgeschunden, ohne Augen, Ohren, Schwanz, halbgebraten, usw. laufen ließen, desto boshafter und verwegner wurden die übrigen; so daß sie auch in unsere Wohnungen eindrungen und alles, was sie nur erwischen konnten, davon schleppten, unterweilen aber mit ihrer listigen und possierlichen Affenpossen, uns, bei allem Elend, zum lachen bewegten.

Auch ich hatte ähnliche Erlebnisse. Während einer Flußüberquerung zog ich meine Lederschuhe aus, die sie anzukauen und wegzuschleppen versuchten. Meine Fototasche war ein beliebtes Markierungsobjekt und wurde sehr intensiv berochen. Sogar beim Laufen schnappten die Füchse nach meinen Hacken. Drehte ich mich um, hielten sie einen Meter Sicherheitsabstand.

Ein anderes Erlebnis mit den dreisten Polarfüchsen, die ich trotzdem in mein Herz geschlossen habe, passierte mir beim Angeln. Zwei frisch gefangene Wandersaiblinge nahm ich aus und legte sie in eine Plastetüte, die man des öfteren am Strand findet. Ich hörte nur noch das Knistern der Tüte. Schnell rannte ich dem Tier hinterher. Natürlich war die Beute viel zu schwer, und nach kurzer Verfolgung bekam ich sie zurück. Auch die große Beringmöwe schaute zielgerichtet auf meine Fischtüte. Seitdem beschwere ich die Tüten mit Steinen. Diese Erlebnisse sind nur dort denkbar, wo der Mensch noch nicht eingegriffen hat. Der schwedische Naturforscher Adolf Erik Freiherr von Nordenskiöld, der mit der VEGA-Expedition 1881 die Beringinsel aufsuchte, schildert es so:

Seitdem sind auf der Beringinsel Tausende und aber Tausende von Füchsen von den Pelztierjägern gefangen wurden. Jetzt sind sie so selten, daß wir während unseres Aufenthaltes daselbst nicht einen einzigen sahen.

Hier bezieht er sich auf den unkontrollierten Raubbau, nachdem sich die Kunde über den reichen Pelztierbestand verbreitet hatte. Es seien nur ein paar Zahlen genannt, die Nordenskiöld aufschrieb: 1747–48 fing der Pelztierjäger Cholodilow 1484 blaue Füchse. Im darauffolgenden Jahr erlegte ein anderer Jäger 2000 Füchse. In den Jahren 1751–53 fing Jugow 6844 Blaufüchse und 200 weiße Füchse. In den Jahren 1752–53 fing die Mannschaft in den Diensten des Irkutsker Kaufmanns Trapeznikoff auf der gleichen Kommandeurinsel 1222 Füchse.

Heute klingt die „bescheidene" Zahl von jährlich vierhundert Füchsen, die sich der Jagdkolchos auferlegt, geringfügig. Bleibt die Abschußquote jedoch weiter so hoch, ist der gleiche Effekt wie auf der Medny-Insel zu befürchten. Durch Überjagung reduzierte sich der Tierbestand hier auf etwa sechzig lebende Füchse, deren Genpotential nicht ausreicht, um die Art zu erhalten. In einem alten Buch vom Anfang unseres Jahrhunderts sah ich ein Foto, auf dem Hausschweine mit den Polarfüchsen in Nachbarschaft lebten. Oft brachten sie unter menschlichen Behausungen ihre Welpen zur Welt. In den dreißiger Jahren wurden sie sogar zugefüttert, wie Barabas-Nikiforow berichtet:

Auf einen Pfiff schossen die Polarfüchse gleichsam aus dem Boden hervor, liefen hinterdrein, hoben ein Gewinsel an und sprangen auf das herangeschleppte Futter.

Der Polarfuchs schläft eingerollt und berührt mit der Schnauze die Schwanzwurzel. Die Wellen sind so laut, daß er meine Anwesenheit nicht spürt. Mit den Fingern gebe ich ihm einen Stups auf den Kopf. Danach schaut er mich verlegen an und zieht sich langsam zurück. Aus einer Entfernung von nur ein paar Metern beobachtet er neugierig mein Tun.

In den Gebieten, wo er gejagt wird, liegt die Fluchtdistanz bei zweihundert Metern. Mitte August sehen wir die ersten größeren Ausflüge der Welpen. Wie so oft zieht Seenebel über die von der Ebbe freigelegten Gesteinsfelder der Insel. Von weitem sehen wir vier Jungfüchse, die spielerisch die Gegend bis zum Meeresrand erkunden. Unsere Anwesenheit ist für sie eine neue Erfahrung. Wir wollen nur fotografieren. Geduldig setzen sie sich zwischen Steine und lassen uns auf einen Meter herankommen. Die Fuchsmutter warnt ihre Jungen. Je nach Charakter ziehen sie sich unterschiedlich, langsam oder schneller, zurück. In dieser Zeit beobachten wir mehrmals solche Ausflüge. Leider ist es kein Vergleich mit den Jahren zuvor. Damals traf ich sie sehr häufig.

Die ausgestorbene Stellersche Seekuh Auf der Suche nach neuen Fuchsunterkünften stoße ich auf große, schwere Knochen. Ihre Poren sind fein, und sie sehen wie Elfenbein aus. Mit einer leicht glänzenden Schicht unterscheiden sie sich von Walknochen, die sich rauher anfassen und vor allem leichter sind. Die Knochen der Stellerschen Seekuh finde ich häufig in den Flußmündungen landeinwärts, wo sie aus dem Grund herausschauen. Trotz der vielen Ausgrabungen in der Kommandeurbucht, bei denen man auch immer auf Seekuhknochen stieß, werde ich fündig. Eine achtzig Zentimeter große Rippe buddele ich aus dem Kiesbett des kalten Flusses heraus. Stellers erste Begegnung, als er an Land ging, verlief so:

… Und weil ich zugleich die vielen Manati am Ufer im Wasser sahe, welche mir vorhin nie zu Gesicht gekommen waren, …, da sie bis auf die Hälfte beständig im Wasser lagen, …

Stellers genaue detaillierte Beobachtungen und detaillierte Aufzeichnungen, die in der Zeit der frühen Aufklärung ein Schritt nach vorn waren, haben bis heute an Gültigkeit nicht verloren. Für seine bildhafte Sprache soll hier ein weiteres Beispiel folgen.

Dieses Thier hält sich nur allein im Meer auf, und nicht auf dem Lande, wie einige fälschlich schreiben, welche die Erzählungen der Seefahrer unrecht verstanden haben müssen, wenn diese berichtet haben, daß dasselbe an den Meerufern und Flüsse grase. Es ist dadurch kein Gras zu verstehen, das auf dem Lande wächset, sondern Meergras, und was noch unter dem Meer, in der Gegend des Ufers wächset. Der berühmte Clusius siehet das Thier vor ungestalt und häßlich an, weil er davon nichts mehr, als nur die Haut mit Strohe ausgestopft gesehen hat. Es siehet nun zwar deswegen im Leben seltsam genug aus, ist aber doch wegen seiner Gestalt, Bewegungsart, und um des Gebrauchs willen, der von ihm gemacht werden kan,

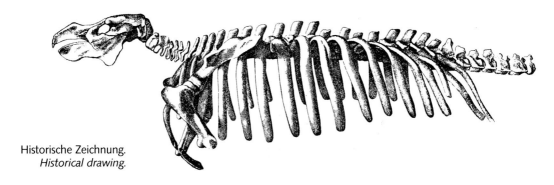

Historische Zeichnung.
Historical drawing.

wunderbar genug. Es hat eine so dicke Haut, die von Rinde alter Eichen ähnlicher wäre, als eine Thierhaut. Sie ist schwarz rauch, runzlich, gleichsam wie kleine Steingen, oder Chagrin, hart und zähe, ohne Haare; eine Axt oder Hacken dringet kaum dadurch. Sie ist bis ein Zoll dicke, und wenn sie quer eingeschnitten wird, den Ebenholz an Glätte und Farbe am aller ähnlichsten.

Das Borkentier wurde durch Abenteurer, Pelztierjäger und Kaufleute in kurzer Zeit ausgerottet. Es diente zur Versorgung und war willkommener Proviant für expansive Weiterfahrten entlang der Aleuteninselkette. Steller schrieb: *Das Fleisch muß zwar viel länger gekochet werden, hat aber gekocht den allerbesten Geschmack, und ist nicht leichtlich darinn vom Rindfleische zu unterscheiden. Das Schmalz von Kälbern dieser Art ist dem frischen Schweinespeck sehr ähnlich, daß man es kaum davon unterscheiden kann; ihr Fleisch aber ist im geringsten nicht anders als Kalbfleisch; es kocht auch bald weich; und im kochen läuft es eben so auf, wie junges Schweine-fleisch, daß es nocheinmal so viel Raum im Topfe einnimmet als vorher.*

Nordenskiöld befragte Einwohner dieser Insel nach dem letzten Sichten der Seekuh. Er fand einen Kreolen, so nennt man die Nachkommen aus Ehen von Russen und Aleuten, der von seinem Vater wußte, daß man bis 1779/80 noch Seekühe getötet habe. Es wurde nur das Herz gegessen. Die Haut verwendete man zum Bau für die Baidarjas. Baidarja (auch Baidara oder Baidarka genannt) sind Boote, dem Kanu ähnlich, die mit Fellen und Häu-ten der Meeressäugetiere überzogen sind. Er fand unter der einheimischen Bevölkerung noch zwei weitere Kreolen, die eine Seekuh in der Nähe des Tolstoi-Kap 1854 gesehen hatten. Seine Vermutung, wie dieses Tier ver-schwand, möchte ich hier wiedergeben:

…, das die Rhytinaheerden eher von den reichen Weiden an der Bering-insel vertrieben worden als ausgerottet waren, und das die Art deshalb ausstarb, weil sie an ihrem neuen Aufenthaltsort nicht den Kampf um ihre Existenz aushalten konnte. Die von den meisten jetzigen Thierformen ab-weichende Gestalt der Seekuh weist übrigens daraufhin, daß dieselbe, gleich der Polarente auf Island, der Dronte auf Mauritsius und den großen, straußartigen Vögeln auf Neuseeland, der letzte Repräsentant einer Thier-gruppe gewesen ist, die bestimmt war auszusterben.

Dybowski, ein polnischer Zoologe, der längere Zeit auf der Insel verbrachte, gibt als Nebenfaktor für das Aussterben der Seekühe an,

…, daß die von Zeit zu Zeit in großer Oberfläche stattfindende Vereisung der Küste, die von den Tieren bewohnten Territorien einschränkte und die Ausrottung erleichtert.

Die Seekuh kam auf keiner anderen der Aleuteninseln vor. Tote Seekühe trieb es an das kamtschatkische Ufer, und die Russen nannten sie *Kapust-nik*, was auf deutsch sinngemäß Meerkohlfresser heißt. Der Name rührte von der Menge des gefundenen Seegrases im Magen des Tieres. Steller erfuhr dies sicherlich bei seiner Expedition auf Kamtschatka und berichtete davon.

Der Geologe Jakowlew suchte auf der Kupfer-Insel nach diesem Metall. Er bekam zu seiner Zeit, 1755, schon keine Seekuh mehr zu Gesicht. Trotzdem reichte er eine Bittschrift an die Behörde auf Kamtschatka ein, die Seekuhjagd zu verbieten und ein Gesetz zu verordnen, um das Tier vor der Ausrottung zu schützen.

Eine ehrende Umsicht aus frühen Tagen, welche gewiß in unserer Zeit zum Vorbild dienen könnte…,

schrieb Nordenskiöld.

Die Rippen wurden infolge ihrer harten, elfenbeinartigen Beschaffenheit von den Eingeborenen zum Beschlagen der Schlitten und zu Beinschnitzereien gebraucht. Eine alte Tradition, die leider in unserer jetzigen Zeit nicht mehr ausgeführt wird. Nordenskiöld veranlaßte die hier lebenden Einwohner, gegen Geld Knochen dieser Seekuh zu sammeln. Einundzwanzig Fässer, große Kisten und Tonnen der Rhynagebeine, brachte er zurück nach Schweden.

Ich sah den Seevogel, der an Größe unserem lebenden Kormoran ähnlich ist, aber etwas massiger wirkt, im Zoologischen Institut in St. Petersburg. Auf der ganzen Welt gibt es noch sechs Exemplare. Alle befinden sich in den Museen Europas (zwei Stück in London, zwei in St. Petersburg, eins in Leiden und eins in Helsinki).

Die Brillenmeerscharbe verschwand von der Beringinsel

Wir müssen dem russischen Gouverneur Kuprianow, der in den damaligen russischen Besitzungen in Amerika residierte, für sein umsichtiges Handeln Dank sagen. Er sammelte diese Vögel für wissenschaftliche Zwecke ein. Das letzte Exemplar soll 1852 gesichtet worden sein. Der amerikanische Gelehrte Hartert nimmt an, daß eine Epidemie unter den Beringmeerscharben und möglicherweise deren Übertragung auf die Brillenmeerscharbe den Untergang dieses Vogels begünstigte. 1909 wurden von dem russischen Ornithologen Bianki auf der kleinen Insel Ari Kamen, dreizehn Kilometer westlich der Beringinsel gelegen, Knochen der Brillenmeerscharbe gefunden. G. W. Steller kannte den Vogel. Pallas' Beschreibungen entnehmen wir die Beobachtungen von Steller:

Stich aus dem 19. Jahrhundert
Carving from the 19th century.

Diese Art wurde von Steller nur auf der öden Bering-Insel, wo er als Schiffbrüchiger lebte, beobachtet. Die Vögel sind dort sehr zahlreich, besuchen aber nie die Küsten Kamtschatkas. Sowohl in Größe wie in Dummheit übertreffen sie die verwandten Arten, und da das Fleisch eines einzigen drei hungrige Leute sättige, waren sie den Schiffbrüchigen zu großem Segen. Wegen der brillenähnlichen Ringe um die Augen und wegen absonderlicher Bewegungen des Halses und Kopfes sieht der Vogel sehr lächerlich aus. Lebensweise wie bei den Gattungsgenossen.

Erstaunlich bleibt bis heute die Tatsache, daß diese flugfähige Meerscharbe nur auf den Kommandeurinseln beobachtet wurde. Hier ergibt sich die Frage, inwieweit auch die hier lebende Rotgesichtige Meerscharbe, die der Brillenmeerscharbe am nächsten steht, Unterschiede gegenüber ihren Artgenossen in der Beringsee aufweist.

Porträt einer Brillenmeerscharbe (Phalacrocorax perspicillatus) aus dem Zoologischen Institut in St. Petersburg.
Portrait of a pallas' cormorant from the Institut of Zoology in St. Petersburg.

Die lebenden Meerscharben-Arten Die Rotgesichtige Meerscharbe trifft man auf der Beringinsel in weit geringerer Zahl an als die optisch kleiner wirkende Beringmeerscharbe. Soll der Rotgesichtigen das gleiche Schicksal widerfahren wie der Brillenmeerscharbe? In ihrem Verhalten kommt sie der ausgestorbenen Art sehr nahe. Ihre Scheu vor den Menschen ist weniger groß als die der Beringmeerscharbe. Dadurch wird sie leichte Beute der Menschen. Sie ist Bestandteil der Nahrung der russifizierten Aleuten. Die Jungtiere mit ihrem noch zarten Fleisch werden bevorzugt. Mit langen Stöcken, an deren Enden sich eine Schlinge befindet, holt man die älteren Jungvögel aus den Nestern – eine alte aleutische Fangmethode, die auch bei den Ureinwohnern, die an der Küste Kamtschatkas leben, Anwendung fand. Steller beschrieb dies:

Die Itälmenen nehmen ihnen im Frühajhr die Eyer, und nach diesem die Jungen, mit größter Leib- und Lebensgefahr ab. Die Eyer aber sind nicht allzu schmackhaft sondern ganz wässericht. Man fänget diese Vögel mit Netzen, die man oben vom Felsen herab, auf sie wirft, oder breitet solche in den Seebusen, ohnweit dem Lande, auf dem Wasser aus, worinn sie sich mit den Füßen verwickeln, oder man fängt sie gegen Abend auf folgende lächerliche Manier: Man bindet von Roßhaaren oder von Garn gemachte Schlingen an eine Stange, steiget oben auf den Felsen, und zieht sie über den Kopf, ohnerachtet solches sehen.

Auch wir nahmen, auf Einladung freundlicher Aleuten, an solch einem Essen teil. Weniger schmackhaft war das Fleisch der Alttiere, die ich in der Einsamkeit im südlichen Teil der Beringinsel aß. Steller schreibt von hartem und zähen Fleisch, was ich in dieser Art nicht bestätigen kann. Eher komme ich mit dem Urteil des schwedischen Zoologen Sten Bergmann überein. Nach einem Schiffbruch vor der Südspitze Kamtschatkas, Lapotka, äußerte er dazu:

…recht minderwertig betrachtet, obwohl vollkommen genießbar, wenn man genügend hungrig ist.

Die tot aufgefundenen, aber noch frischen Beringmeerscharben waren eine willkommene Abwechslung meiner einseitigen Nahrung und verlängerten den Aufenthalt im Süden.

Die Rotgesichtigen Meerscharben sah ich an der Nordküste am häufigsten. Mitte März, während des Seeotterfangs, ein russisch-japanisches und amerikanisches Gemeinschaftsprojekt, auf das ich später noch ausführlich eingehen werde, konnte ich gute Beobachtungen machen. Regelmäßig sah ich sie am zeitigen Morgen von westlicher Seite aus, wo ihre Schlafplätze liegen, in östliche Richtung zu ihren Fischgebieten fliegen. Die Beringinsel liegt tief verschneit, und nur die vorgelagerten Inseln scheinen schneefrei zu sein, ebenda belegen sie ihre Schlafplätze. Pünktlich kurz vor Sonnenaufgang, wenn es langsam hell wird, fliegen sie über das Nordwestkap. Mächtig haben sie gegen den Schneesturm zu kämpfen und fliegen dadurch besonders tief durch die Wellentäler, wo sie sich meiner Sicht und Zählung für kurze Zeit entziehen, bevor sie wieder auftauchen. Trotz ihres schwerfälligen Körpers und der kurzen Flügel, die zum Tauchen unter Wasser hervorragend geeignet sind, fliegen diese Tiere gut. Meist sehe ich sie in lockerer Formation, zeilenförmig in kleinen Gruppen, über die Meeresoberfläche ziehen. Bei schönem Wetter kommt es sogar vor, daß sie höher fliegen und den Weg zu ihren Fischfanggebieten über die schneebedeckte Inselfläche abkürzen. Dabei bestreiten sie ein Flugpensum von siebzig bis hundert Kilometern täglich. Am Abend, in der Dämmerung, kommen die Meerscharben nicht in dieser Regelmäßigkeit und Geschlossenheit zurück. Sobald die Felswände frei von Eis und Schnee sind, beziehen sie ihre Brutfelsen. Danach fallen die langen Wege zwischen Schlaf- und Fangplatz weg. Nur ein kleiner Teil, vielleicht Junggesellen, fliegt diese Strecke regelmäßig. Über ihr Äußeres möchte ich die poetischen Worte Stellers wiedergeben, die unserer heutigen rationalen und emotional armen Sprache entgegenstehen.

…, welche ganz schwarz, einen langen Hals wie ein Reyher, kleinen Kopf und Schnabel wie eine Tauchgans oder Krochel hat. Der Leib hat die Größe einer März-Ente; die Füße sind nahe am Hintern wie bey den Tauchern oder Colymbis und ganz schwarz; er hat überall auf der Schwärze violette und grünlichte Flecken, an dem Hals einige schneeweiße Streifen wie ein Reyher, und unter denen Flügeln einen weißen silberfarbenen Flecken 2 Zoll breit und 3 Zoll lang, schwimmt mit aufgerecktem Hals auf der See, im Fliegen hält er ihn in einer Horizontal-Fläche mit dem Körper. Verschlucket Fische eines Schuhs lang, die er unterm Wasser fängt; fliegt behende aber sehr schwer, und ist ein sehr thörigter und tummer Vogel, fliegt in der See öfters auf die Fahrzeuge und den Leuten ins Gesicht.

Steller schreibt weiter:

In der Nacht stehen sie an den steilen Felsen wie die Medizinbüchsen auf den Reposititorio in den Apotheken in vielen Schichten und stehen sie aufrecht wie ein Mensch auf einem 3 Finger breiten Rande, lehnen den Körper gegen den Felsen an, und fallen öfters im Schlaf herunter, da sie den auf den Felsen und im Kanal darauf lauernden Steinfüchsen, zu theil werden.

Hier handelt es sich wahrscheinlich um die Rotgesichtige Meerscharbe. Bei der Beringmeerscharbe konnte ich diese Verhaltensweise nicht beobachten. Auf den Ruheplätzen im Nordwesten der Insel sah ich am Abend aus nächster Nähe die ankommenden Rotgesichtigen Meerscharben. In einer Entfernung von nur ein bis zwei Metern flogen sie an meinen nicht getarnten Platz heran. Mit zuckenden Hälsen beobachteten sie mich, ohne Anstalten des Wegfliegens zu machen. Ihre lauten Flügelgeräusche beim An- und Abfliegen vernahm ich sehr deutlich. Nachdem es dunkel geworden war, verließ ich den herrlichen Felsplatz und erfreute mich noch lange an dem schönen Erlebnis.

Ende Mai/Anfang Juni liegen in den Nestern der Rotgesichtigen Meerscharbe drei bis fünf grünliche bis milchfarbene Eier, die mit einem kalkartigen Schleim überzogen sind. Sie sind etwas kleiner, jedoch schlanker als Hühnereier. Alle Gelege befinden sich an der Nordseite der Beringinsel. Ich zähle nicht mehr als zweihundert. 1994 war der Felsen in der Nähe der kleinen Fischerei am Sarannoje-See nicht belegt, wo sich sonst jedes Jahr eine größere Kolonie der Rotgesichtigen Meerscharben befand. Die Ursache können Störungen verschiedener Art sein, was sich schwer feststellen läßt. Vielleicht sind sie von Menschen beeinflußt, oder es handelt sich um eine natürliche Verschiebung, die ihre Zyklen hat. Ähnliches konnte ich im südlichen Teil feststellen, wo die Beringmeerscharbe ohne Einfluß des Menschen die Brutfelsen wechselt. Ende Juni/ Anfang Juli schlüpfen die Jungen aus den Eiern. Sie kommen völlig nackt auf die Welt und sind typische Nesthocker. In dieser Zeit ähneln sie mehr einem Reptil als einem Vogel. Sie wachsen sehr schnell heran und haben Ende August die Größe ihrer Eltern erreicht. Das Gefieder ist noch schwarzbraun, zeigt aber schon Stellen, die grünlich schimmern. Erst die geschlechtsreifen Tiere besitzen die rote Färbung im Gesicht und das herrliche Blau am unteren Schnabelansatz. Während der Paarungszeit sind die doppelte Kopffederhaube und die schmalen weißen Federstreifen am Hals gut zu sehen. Es bedarf einer gründlicheren und genaueren Untersuchung, als ich es tat, die Vögel geschlechtlich zu unterscheiden. Die Vielfalt der aufgezeichneten Maße und mitgebrachten Bälge sowie der Fotografien gilt es auf künftigen Reisen noch einmal zu präzisieren und mit den Sammlungen aus den Museen St. Petersburg und Moskau zu vergleichen. Die Rotgesichtige Meerscharbe konnte ich auch auf der Medny-Insel in kleiner Zahl beobachten, ebenso auf Ari Kamen. Dort brütet sie mit anderen Seevogelarten gemeinsam. Auf der Nordseite der Beringinsel baut sie ihr Nest in den nicht allzu hohen, aber steilen Felswänden, weit weg von den Kolonien anderer Vögel.

Die ersten Seevögel kommen Ende März/Anfang April in ihre Brutgebiete. Den Winter verbringen die meisten auf dem offenen Ozean, in mehr oder weniger großer Entfernung von Inseln und Festland. Während ihrer Ankunft liegen die Brutgebiete oft noch tief verschneit. So erlebe ich es auch Anfang April im Süden der Insel. Eine meterhohe Schneedecke überzieht die Berge. An den Uferzonen bricht sie steil ab. Die Felswände glitzern, und Eiszapfen aller Größen hängen herunter wie Orgelpfeifen. Der Wind versprüht die überhängende Schneelast als Staubzucker auf die unteren Felspartien. Einige Tage zuvor kamen die Klippen- und Dreizehenmöwen an. Mit lautem Geschrei von „kresi, kresi" werde ich empfangen. Alle Möwen fliegen auf, drehen einen Halbkreis und kommen vom Meer zurück auf die Eisterrassen der Felswände, die sie mit Vorliebe aufsuchen. Eines Tages sind sie verschwunden. Was ist geschehen? Ich sehe, wie dunkle Schatten an den Vogelkolonien vorbeigleiten. Zwei große Kolkraben sind die Ursache, daß sich alle Möwen mit großem Geschrei Richtung Meer bewegen. In der Nähe finde ich ein frisch verendetes junges Ren. Am Vortage hatte ich es völlig entkräftet am Ufer beobachtet. In den folgenden Tagen öffnen und verzehren die Kolkraben das Ren. Weit verstreut liegen die Fellfetzen. Das Skelett ist säuberlich abgenagt. Ich zähle fünfzehn Raben. In der Nähe des Rentieres liegen aufgebrochene Klippenmöwen. Keine einzige Fuchsspur, die im Schnee gut zu erkennen wäre, führt zu ihnen. Das Rätsels Lösung ist schnell gefunden, aber nicht zufriedenstellend. Im Sommer, während der Brutzeit, lassen sich die Möwen von vorüberfliegenden Raben nicht im geringsten stören. Ein Rabenpaar brütet sogar in der Nähe der Kolonien. Vielleicht ist der Bruttrieb der Möwen stärker als die Angst während ihrer Ankunft im Frühjahr. Solange die Kolkraben über das von ihnen aufgebrochene Ren Nahrung bezogen, war die Möwenkolonie in diesem Bereich der Felswand verschwunden.

In der Regel herrscht am frühen Morgen relative Stille. Nur das „arra, arrr" der Lummen vernehme ich, die als weitere vom offenen Meer heimkehrende Seevögel die Felsgesimse belegen. Die Klippen- und Dreizehenmöwen befinden sich auf Nahrungssuche und treffen etwa gegen zehn Uhr wieder ein. Mit großem Geschrei vertreiben sie einen Teil der Lummen, die die Plätze der Möwen eingenommen haben. Des öfteren sah ich, wie eine Klippenmöwe im Kampf um ihr Revier den Schnabel am Flügel der flüchtenden Lumme festhakte und diese auf das Wasser niederzwingt. Darauf verfolgt die Möwe den Eindringling noch einige Meter aufs Meer, bevor sie Ruhe gibt.

Im Frühjahr treffen Seevögel ein

Die junge Beringmeerscharbe (Phalacrocorax pelagicus) trocknet ihr Gefieder. *A young pelagic cormorant dries its feathers.*

Die dunkle Form des Eissturmvogels (Fulmarus glacialis). *A dark fulmar.*

Die Ankunft der Eissturmvögel und ihre tragische Unbeholfenheit auf dem Lande

Fast zum gleichen Zeitpunkt wie die Möwen finden sich die Eissturmvögel ein. Hier kommen sie in der dunklen Form vor. Nicht weit von Kamtschatka, auf der Karaginski-Insel, sah ich beide, helle und dunkle Formen. Die Eissturmvögel belegen die oberen Felspartien.

Sie suchen sich trockene Grasbüschel aus, die als erstes nicht mehr vom Schnee bedeckt sind. Paarweise sitzen sie darauf, als würden sie brüten – obwohl es bis dahin noch eine Weile dauert. Ihr lautes Gekecker in tiefen Tönen klingt mir angenehmer in den Ohren als die hohen Schreie der Möwen. Sie segeln mit wenigen Flügelschlägen flach über die brausende See. Je stärker das Meer tobt, um so sicherer gleiten sie behende darüber. Wie einen Bienenschwarm sieht man sie an und über den Felswänden, weit oben, fliegen. Ihr Äußeres sah Steller so:

... theils aschgrau, theils schneeweiß, fliegen beständig auf der See, und halten sich als furchtsame Vögel auf den höchsten und steilsten Klippen in der See auf, (...) sie werden in großer Menge gefangen und an der Luft getrocknet, das Fett aber, so von ihnen durch eine Öffnung in der Haut, wie der Thran aus einem Faß abgezapfet wird, behalten die Einwohner in Blasen auf zum Gebrauch, sowohl zum brennen als schmelzen. Aus den Häuten, aber nehen sie sich Barken, Mützen und Kuklanken, welche die gewöhnlichen Kleider derer entfernten Insulaner sind. (...) haben einen großen gelblichen krummen Schnabel, große Augen wie die Eulen, und sind umbrabraun mit weissen Flecken über den ganzen Leib.

43

Auch für mich waren die Vögel in der Zeit zwischen April und Mai eine wichtige Nahrungsquelle. Ich habe nicht, wie die Aleuten, das Gefieder abgezogen, gerupft und durch die hintere Öffnung die Eingeweide herausgezogen, sondern die Federn mit der gesamten Haut vorsichtig, ohne sie zu verletzen, mit dem Skalpell vom Fleisch entfernt. Danach hängte ich sie zum Trocknen auf für das Museum in Dresden. Das dunkelbraune Fleisch zerschnitt ich in kleine Teile und kochte es. Später gab ich Herz und Leber dazu. Mit Salz und Pfeffer ergibt das Ganze eine herzhafte Speise, die mit reichem Fettgehalt gut sättigt. Hunderte Eissturmvögel liegen verletzt oder tot an der felsigen Küste. Während ihrer Balzzeit verbeißen sie sich ineinander, so daß sie zu Boden fallen. Dabei holen sie sich Blessuren, die so stark sind, daß sie an den Folgen langsam sterben – für den Polarfuchs ein gefundenes Fressen. Auch die aasfressende Beringmöwe macht nicht davor halt. Die Eissturmvögel kriechen auf den Fersen und versuchen, sich mit Flügelschlägen am Boden fortzubewegen. Dabei brauchen sie eine gewisse Zeit, um das rettende Wasser zu erreichen. An einem Tag las ich achtzehn dieser Vögel, tot angeschwemmt, am Ufer auf. Ich nahm umfangreiche Messungen vor und konnte viele Knochen und Bälge dem Museum übergeben. Ein Teil des Mageninhaltes wurde dort bestimmt. Es waren Mundwerkzeuge von Tintenfischen, die für mich wie Schalen von Vogelkrallen aussahen. Auf einem Schiff, an dessen Reling enthäutete Seebären an einem Tau ins Meer

Eissturmvögel legen nur ein weißes Ei in ihr Gelege
Fulmers lay only one white egg in their nest.

Die Eissturmvögel umringen Seebärenhäute
Fulmers pick at the fat from fur seal skins.

hingen, sah ich viele Eissturmvögel von der Fetthaut der Bärenrobben Nahrung zu sich nehmen. Steller beobachtete Ähnliches:

... und trafen wir einsmal auf einem todten Wallfisch auf der See, mehr als 30 Meilen vom Lande, einige hundert an, so unter beständigen Fressen auf ihm als einen Insel sich aufhielten und immer fortschwummen.

Früher sammelten die Aleuten die weißen Eier der Eissturmvögel, die in der Größe unseren Hühnereiern gleichen, zu Tausenden von den gefährlichen Felsen der Medny-Insel ab. Heute ist der Transport dorthin, und damit auch das Eierlesen, aus wirtschaftlichen Gründen nicht mehr möglich.

Durch ihre Unbeweglichkeit auf dem Lande werden die Eissturmvögel während der Frühjahrsschmelze hin und wieder Opfer herabstürzender Eiszapfen. Das Schmelzwasser rinnt unter die Eisblöcke und löst sie, so daß sie in die Tiefe rutschen. Zerschlagen in tausend Teile, liegen sie am Boden. Dabei reißen die Eismassen Steingeröll und Erde mit. Ein imposantes Schauspiel, solange man einen ausreichenden Abstand hat. Ich versuche, möglichst bei Ebbe oder am zeitigen Morgen, wenn alles noch gefroren ist, vorbeizulaufen. Leider verunglücken viele Eissturmvögel und erliegen ihren Verletzungen. Sie belegen meist offene, ungeschützte Felspartien und sind der Gefahr weit mehr ausgesetzt als die schnellen Klippenmöwen.

Mit Macht bricht die Sonne Ende April in die **Die ersten warmen Sonnenstrahlen**
Landschaft und leckt die Felswände am Küsten-
streifen schnee- und eisfrei. Tausende kleine
Wasserrinnen bilden sich. Alles tropft, sprüht, und die Wasserfälle stürzen
laut, aus hundert Meter Höhe, die Felsen herunter. Mit Vorliebe ruhen die
Möwen zwischen Fels und Wasser und lassen sich stundenlang berieseln.
Die warmen Sonnenstrahlen, so angenehm sie sind, ziehen Feuchtigkeit in
Form von Nebel oder Dauernieselregen an. Die Zeit der blauen Himmel
wird seltener. Der weich gewordene Schnee erschwert das Schneeschuh-
fahren in das Inselinnere. Kein einladendes Urlaubswetter bei fünf Grad
Celsius, was ich aber hier als warm empfinde. Die noch hängenden Eisblöcke werden stumpf, glanzlos und färben sich grün bis bräunlich vom
Schmelzwasser. Die Flüsse brechen im vorderen Teil auf und bilden in Ufer-
nähe große angestaute Seen, bis ihnen der Durchbruch zum Meer gelingt.
Die Klippen- und Dreizehenmöwen bauen ihre Nester oder bessern die
vom vorigen Jahr aus. Einige Möwen versuchen schon, auf den verbliebe-
nen Eisterrassen Nester zu bauen, was ich mir nur so erklären kann, daß es
zur Paarung animieren soll. Das Nistmaterial besteht aus vertrockneten
Algen und Gräsern, die mit feuchter Erde eine feste Bindung eingehen. Mit
Geschrei und Drohgebärden verteidigen sie ihr Revier. Ätzungen vor dem
Partner deuten auf Paarungsbereitschaft hin. Das Tippeln an einer Stelle auf
dem Nest nennt man Stößeln. Mit diesem Verhalten kennzeichnen sie ihr

Eine Klippenmöwe
(Rissa brevirostris) kröpft
ihre Nahrung aus.
*A red legged kittewake
brings up its food.*

Das Schmelzwasser staut sich vor dem Meeresufer.
The melting icy water dams up at the sea's edge.

Revier. Von Anfang Mai bis in den Juni hinein beobachtete ich sie beim Kopulieren. Klippen- und Dreizehenmöwen bevölkern gemeinsame Kolonien, wobei die Dreizehenmöwen in der Minderheit sind. Ich sah aber auch seperate, kleinere Gruppen von Dreizehenmöwen. Auf den Mauserplätzen begegnete ich beiden Formen nebeneinander. Es gibt aber bestimmte Buchten, wie die *Lisinskaja* im südwestlichen Teil der Beringinsel, wo ich Hunderte Dreizehenmöwen ihr Gefieder ausbaden sah – ohne eine einzige Klippenmöwe, obwohl deren Kolonien nicht weit entfernt liegen. Die Klippenmöwen halten sich meist in der Nähe ihrer Brutfelsen auf. Dagegen beobachtete ich oft Dreizehenmöwen weit weg von ihren Kolonien.

Ende April belegen die ersten Beringmeerscharben die unteren Partien der Felsen – für mich ein schöner Anblick. Ihr grünlicher Schimmer auf

Die Meerscharben erscheinen an ihren Brutfelsen

dem Rücken und den Flügeldecken geht vom Hals zum Kopf in eine blau-violette Farbe über. Das Gesicht ist zugewachsen, und nur der Schnabelansatz und die Augenringe färben sich rot. Die äußeren Handschwingen gehen von dem grünlichen Ton in ein stumpferes Braun über. Besonders schön ist der Kopfschmuck, der an der Stirn ein großes Federbüschel zeigt und am Hinterkopf ein kleines. Die Halspartien sind mit feinen, schmalen weißen Federn verziert, die von Tier zu Tier sehr unterschiedlich ausfallen. Darunter gibt es Prachtexemplare, die ich leider nicht aufs Bild bekam, weil meine Kamera defekt war. Meinen Wunschgedanken, unter ihnen eine Brillenmeerscharbe zu sehen, mußte ich einstweilen als Traum begraben. Noch verlassen sie ihre Brutfelsen häufig und gehen auf weiten Fischfang. Im Juli beobachtete ich, daß die Meerscharben in der Nähe ihrer Jungen fischen. Möglicherweise bringt das Meer erst zu dieser Zeit genügend Fisch an die Küste. Oft beobachtete ich ihre Geschicklichkeit beim Tauchen. Pfeilschnell packen sie ihre Beute und schieben den Fisch mit dem Kopf voran in den Schnabel. Fällt der Fisch etwas groß aus, wird die Beute so lange hin und her gerückt, bis sie in den Schlund paßt. Sehr erfolgreich sah ich die Meerscharben bei Ebbe fischen. In dem zurückbleibenden flachen Wasser befinden sich viele Fische, die die Flut verpaßt haben.

Hängende Meerscharbe, Naturstudie. Tusche
Hanging Cormorant, Nature study. Black ink

Die Nester der Vögel bestehen aus festem Material, Gras und nasser Erde, die sockelartig aufgestockt sind und sich mit ihrem weißen Kot zu einer kompakten Masse verbinden. Leider fühlen sich Tausende Fliegen zu diesen Bauwerken hingezogen, die ihre Eier daran schmeißen. Es wimmelt nur so von Fliegenmaden an und in den Nestern. Sobald die Jungvögel ihren Flaum abgelegt haben und die Federkiele richtige Federn herausschieben, dauert es nicht lange, und sie werden von vielen Flöhen traktiert. An der Küste Kamtschatkas und auf der Karaginski-Insel haben die Jungtiere eine weitere Pein auszuhalten. Blutsaugende Zecken belegen in großer Zahl die Köpfe der Jungvögel. Auf einem nur zwei Kilometer langen Strandabschnitt zählten wir über dreißig tote Vögel. Wir sahen Meerscharben, die bei dem Versuch, ins Meer zu kommen, durch die erste Welle völlig geschwächt hindurchtauchten, um sofort wieder an den Strand gespült zu werden. In gesundem Zustand wären die Wellen für die guten Taucher kein Problem. Zum Glück konnte ich diese Tragik auf der Beringinsel nicht feststellen. Dafür zeigten sich Probleme anderer Art. Sobald die Jungen ihre Nester verlassen, sind ihre Flugversuche recht unbeholfen. Ihre nassen, noch fettarmen Federn trocknen sie am Strand und sind dabei, besonders bei Flut, der Gefahr ausgesetzt, vom Fuchs gerissen zu werden. Mit ihrem schweren, oft völlig durchnäßten Gefieder kommen sie nicht rechtzeitig vom Boden los. Bei Ebbe sitzen sie auf Steinen, die aus dem Wasser ragen, und sind vor Feinden sicher.

Ende Mai schmilzt mit Macht der Schnee In dieser Zeit halte ich mich in der Bucht *Bujan* auf, die an der Ostküste der Beringinsel liegt. Jede Bucht besitzt ihre Eigenheiten und unterscheidet sich mehr oder weniger von den übrigen. Oft bildet sie eigene Biotope, die nirgendwo anders wieder auftauchen. Die Bucht Bujan formt ein breites Tal bis tief in das Inselinnere hinein. Der Fluß schlängelt sich mäanderhaft hindurch und läuft bei Ebbe zum Meer breit aus. Strauchweiden umsäumen die Uferzonen. In der Nähe des Meeres zeigen die Weiden ihre blühenden Kätzchen, während sie in Richtung der Berge noch ihren Winterschlaf halten. Es werden zwei Wochen ins Land gehen, bis sich der Frühling auch dort entfaltet. An der Meeresküste fängt der Pflanzenteppich an zu grünen. Auch der trockene Schilfgürtel dort läßt seine ersten grünen Spitzen durchschauen. Dazwischen erkenne ich die Triebe des Germer und an den schrägen Berghängen die Knospen des Rhododendron. Aus dem trockenen, vom Schnee heruntergedrückten Schilf schaut der Schachtelhalm senkrecht hervor. Das von der Schneeschmelze zurückbleibende Wasser bildet viele Lachen. Oben auf den Bergen ist es nicht trockner als unten im Tal. An meinen Schuhen pappt die feuchte Erde. Oft sacke ich bis zu den Knöcheln in den steinigen Schlamm ein, der vorher nicht sichtbar war. Die Vegetation der Südseite der Berge steht im starken Kontrast zu ihrer Nordseite. Auf der warmen Südseite ruhe ich auf der niedrigen Pflanzendecke aus. Die seltenen Sonnenstrahlen ziehe ich tief in mich hinein. Schon kommen die ersten Wolken, und milchiges Licht überflutet die Insel. Fröstelnd laufe ich durch den Schneeregen weiter und hoffe, daß es nur bei einem kleinen Schauer bleibt. Durch den weichen Schnee stapfe ich kräftezehrend in das hintere, sich immer mehr verengende Flußtal. Der Schnee reicht mir an einigen Stellen bis zu den Knien. Ich fotografiere ein gesprecktes Alpenschneehuhn, das sein Übergangskleid trägt. Den warmen Wind vom Meer spüre ich hier hinten nicht. Der Fluß verschwindet unter der Schneedecke, und ich breche oft ein. Meine Gummiwathosen scheinen für diesen Zweck gut geeignet und geben mir ein sicheres Gefühl. Ich kehre wieder zurück, Richtung Meer. Ein großer Strauchweidenwald steht vor mir, in dem sich viele Spornammern aufhalten. Beschwerlich kämpfe ich mich hindurch. Oft bleibt meine Fotoausrüstung oder das Stativ in den Zweigen hängen. Im unteren Bereich bilden die Strauchweiden stark ausgeprägte Wurzeln und Stämme, die als Fußangeln sehr hinderlich wirken. Der Fluß wird zunehmend breiter. Kleine Kieselbänke in seiner Mitte bilden ideale Ruheplätze für viele unterschiedliche Vogelarten. Unter anderem beobachte ich den Beringstrandläufer, der sich sehr häufig auf den Flußinseln aufhält. Am Abend dagegen zieht er in größeren Gruppen zum Strand. Zusammen mit ihm sehe ich den Mongolenregenpfeifer, der mit seiner lauten Stimme in der stillen Landschaft eindringlich zu vernehmen ist. Der sandige Strand läuft in der Bucht breit aus, und große Mengen Tang bilden einen dicken, morastigen Stau zum Meer. Der Beringstrandläufer findet genügend Nahrung im Meerkohlschlick. Einige Gäste ziehen vorüber. Hunderte Bergfinken machen für ein paar Tage Rast. Oft gesellen sie sich zu den Spornammern, die hier brüten, und holen gemeinsam mit ihnen aus dem Meerkohl die Nahrung.

An der Flußmündung trifft der Waldwasserläufer ein. Unbeirrt und beharrlich läuft er, ständig wippend, an den Uferzonen hin und her – beinahe an jedem Fluß zu beobachten. Nicht weit von ihm sehe ich den Bruchwasserläufer. Er kommt selten vor und ist vielleicht als Vorüberziehender zu betrachten, ebenso wie der Goldregenpfeifer, der Rotkehlstrandläufer und der Flußuferläufer, auf die ich vereinzelt in dieser Zeit treffe.

Gegen Abend zähle ich zwanzig Mongolenregenpfeifer, die im Sand und am Rande des Schilfgürtels trippelnd nach Nahrung suchen. Sie treffen jeden Abend wieder ein. Tagsüber beobachte ich sie im Inneren der Insel. Sobald der Schnee auf den Bergen verschwindet, werden sie kleine Mulden im Schotter als Brutplätze aufsuchen. Die Beringstrandläufer brüten dagegen auf dem weichen Pflanzenpolster der Tundra. Die seltenen Taigarubinkehlchen haben ihre Gelege in den Tälern. Die hellorangen Kehlen leuchten auffallend zum schlichten braunen Gefieder. Neugierig fliegen die Vögel um meine Hütte. In der Nähe beobachte ich noch Birkenzeisige. Diese kleine Gruppe zählt wohl zu den Gästen, die hier überwintern oder auch nur vorüberziehen und rasten. Das breite, geschützte Tal der Bucht *Bujan*, auf deutsch Bucht des Raufbolds, beherbergt eine große Zahl von Rastvögeln, die ein vielseitiges Nahrungsangebot vorfinden. Die Beringmöwen sind mir ständige Begleiter und hier nicht wegzudenkende Seevögel. Sie ziehen tief in die Bucht hinein oder stehen zeilenartig auf den schneebedeckten Bergkämmen. Weit über hundert Stück zähle ich, wenn

Wie ein Mäander schlängelt sich der Fluß durch die breite Bucht Bujan.
The river meanders through the valley of Bujan.

sie im Meerschlick nach Nahrung suchen. Zwei Drittel davon sind Jungvögel der letzten Jahre. Der größere Teil der Altvögel hält sich an der Westseite der Insel auf. Dort befinden sich auf der vorgelagerten Insel Toporkow ihre Brutplätze.

Während ich in der Bucht Bujan verweile, ist das Wetter kalt und regnerisch. Oft ziehe ich längere Aufenthalte in der Hütte vor. Altes Zeitungspapier gibt es hier jede Menge. Es ist zum Anzünden des Feuers unentbehrlich. Einige dieser Illustrierten nutze ich als Malgrund. Aus dem Ofen nehme ich Ruß und Asche. Beides vermische ich mit *Ikra*, der liegt im Regal, eingetrocknet, Lachseier vom vorigen Jahr. Mit warmem Wasser löse ich sie auf und stelle eine breiartige Masse her, die ich mit einem geschnitzten Holzstäbchen auf das Papier übertrage. Die Motive bilden die Seevögel, die ich unmittelbar aus dem Fenster beobachten kann –

Künstlerische Arbeiten – guter Ausgleich zur harten Herrlichkeit der Natur

Gefallene Möwe.
Tuschezeichnung
*Fallen gull.
Black ink drawing*

was sonst. Archaische Grundformen, mehr oder weniger abstrahiert, übertrage ich auf das Illustriertenpapier. So bruchstückartig wie ich mit meinen wenigen russischen Wörtern die Zeitung verstehe, stelle ich auch die Collagen her, die ein Teil dieser Welt sind. Die direkte Berührung mit der Zivilisation in Papierform und meiner Einsamkeit, die mich drei Monate aus der menschlichen Umgebung befreit, gestalte ich zurückblickend auf diese Art. Es ist müßig, darüber zu meditieren, Vergleiche zu ziehen zwischen Natur und Industriegesellschaft oder hier in religiöse Ausbrüche zu geraten. Täglich erlebe ich kleine und große Wunder, erlebe einen Teil ihrer Zusammenhänge hautnah und freue mich, diesen zu folgen, ohne es mir anzumaßen, sie zu verstehen.

Der Wind

*Er spricht hölzern, dann mal blechern, heult und pfeift
aber ich versteh ihn nicht
Der Polarfuchs antwortet mit Gekläff, jault und schluchzt
aber ich versteh ihn nicht
Im Windschatten stehen die Rentiere gelassen und stumm
aber ich versteh ihn nicht
Lautes Gekreisch und anschwellender Lärm der Möwen gegen den Wind
aber ich versteh ihn nicht
Schneeflocken wirbeln, und der Wind treibt sie endlos
aber ich versteh ihn nicht
Der Wind peitscht mir ins Gesicht, kalt und naß
aber ich versteh ihn nicht
Ich fühle, ich höre ihn, aber verstehen…?*

Mit diesen aneinandergereihten Zeilen drücke ich mein Gefühl aus für die herrliche Unendlichkeit der Natur, der ich täglich ausgesetzt bin, ohne daß sie mir bewußt wird.

Erst Naturkatastrophen, wie das Erdbeben in Japan, holen uns auf die Erde zurück.

Viele Arbeiten, so simpel sie erscheinen mögen, sind Ausdruck dieser Welt und veranlassen uns zum Nachdenken…, oder auch nicht.

Ich absolviere am zeitigen Morgen für zwei bis drei Stunden meine Beobachtungsgänge, anschließend frühstücke ich. Morgens läuft es sich gut über zugefrorene Pfützen und verharrschten Schnee. Schnell bin ich über die Berge und sehe am Horizont die Sonne aufgehen. Wir haben noch Ende Mai. Nach dem Frühstück schreibe ich ein wenig und mache mir Notizen vom Morgen. Der heiße Tee erwärmt mich. Fast wie ein Ritual trinke ich ihn, langsam, denn ich muß sparen. Oft brühe ich den gleichen Tee mehrmals auf. Ähnlich geht es mir mit anderen Lebensmitteln. Hier, in der Bujanbucht, gibt es keine Vogelkolonien, wo die Chance besteht, verletzte oder tote Vögel zu finden. Jeden Tag zähle ich die Reislöffel und teile sie über die Tage genau auf. Auch der Mehlvorrat neigt sich dem Ende zu.

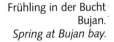
Frühling in der Bucht Bujan.
Spring at Bujan bay.

Es wird Zeit, nach Nikolskoje aufzubrechen. Vorher möchte ich noch ganz hinauf in den Norden der Insel. Ich habe große Hoffnung, in Staraja Gawan Menschen anzutreffen. Entweder ist die Jagdhütte belegt, oder der Kuhhirt vom vorigen Jahr hat sich mit der Herde schon eingerichtet. Bei stürmischem, kaltem Wetter sehe und treffe ich keinen einzigen Menschen. Nach einem fünfzehn Kilometer langen, schweren Gepäckmarsch und mit hungrigem Magen stehe ich vor der verschlossenen Tür. Die andere Hütte ist schwer zerstört, und es sind keine Lebensmittel vorhanden. Wütend laufe ich nach Sarannoje weiter. Dort befindet sich eine Rybalka, eine kleine Fischerstation. Ende Mai wird der erste Lachs gefangen,

Der Weg in den Norden

Rabenstudie. Graphit
Study of a raven. Pencil

also werde ich dort mit großer Sicherheit Menschen antreffen. Weitere siebzehn Kilometer schwerer Weg über die Berge liegen vor mir. Zwischen beiden Orten gibt es eine Verbindung. Eine schlammige Straße führt zum See. An den verschneiten Spuren sehe ich, daß in diesem Jahr noch kein Fahrzeug fuhr. Starker Seitenwind kommt vom größten See der Insel, dem Sarannoje, herüber. Der scharfe Schneeregen peitscht mir ins Gesicht und erlaubt mir nur zwei bis drei Meter weit zu schauen. Der Wind treibt mich des öfteren aus der breiten, morastigen Spur, auf die bucklige Tundralandschaft hinauf. Meine Füße schmerzen. Deutlich spüre ich die Blasen an den Fersen. Weit kann es nicht mehr sein – versuche ich mir Mut zu machen. Lange Pausen sind nicht möglich, weil ich sofort anfange zu frieren. Grund genug, schnell weiterzulaufen, aber die Blasen hindern mich daran. Endlich sehe ich die Bucht. Sonnenstrahlen scheinen dort hinein, nur hier nicht. Der kalte Wind hält an. Bevor ich zu den kleinen Häusern komme, muß ich den Fluß überqueren. Meine blutverschmierten Schuhe ziehe ich aus und steige in die Watlatzhose. Die Sonne scheint, der Wind tobt, und ich denke: bei dem Wetter zieht es keinen Menschen aus der Hütte. Laut klopfe ich an alle Türen – kein Echo. Nur der Wind ist zu hören, und Blechteile klappern gegen die Holzwand. Alle Türen sind abgeschlossen, bis auf eine. Es ist die wichtigste. Himmelhoch jauchzend – es ist die Pausenhütte, wo das Essen für die Fischer zubereitet wird. Vor ein paar Tagen müssen Leute hier am Ort gewesen sein und die ersten Lachse herausgezogen haben. Geräucherter Lachs vom vorigen Jahr liegt auf dem Tisch. In der Dachschräge hängt eine große Papiertüte. Neugierig schaue ich hinein. Halleluja, zwei

Brote befinden sich darin. Bevor ich den Ofen anheize, sitze ich in der Kälte des Raumes und esse mit Heißhunger einen Teil der zurückgelassenen Lebensmittel. Der Gedanke, am nächsten Tag in das zwanzig Kilometer entfernte Dorf Nikolskoje zu gelangen, erübrigt sich. Genügend Lebensmittel sind vorhanden, so daß ich auf die Fischer in den kommenden Tagen warten kann. Zeit, auch meine Blasen auszukurieren, die zum Glück schon offen sind. An die Stelle der Glasscheibe in der Tür, die vom Wetter eingedrückt ist, nagele ich provisorisch ein Brett. Der Ofen glüht, aber das Zimmer wird nicht warm. Eisiger Wind heult unaufhörlich um die dünnen Hüttenwände. Überall zieht es herein. Sinnlose Arbeit, die Stellen abzudichten. Ich ziehe mich in den Schlafsack zurück und erfreue mich, trotz vieler Unannehmlichkeiten, an dem Tag. Der nächste erscheint im strahlenden Blau, aber der eisige Wind legte sich nicht. Meine Sachen vom Vortag sind noch nicht richtig trocken, und trotzdem zieht es mich humpelnd hinaus. Nach dem Holz-

Typisches
„Kommandeurwetter"
*Typical
„Commanderweather"*

hacken gehe ich zur linken Seite der Sarannaja-Bucht. An einer windgeschützten Stelle ist es hier wärmer als in der Hütte. Lange schaue ich den Taubenteisten zu, die auf bei Ebbe herausschauenden Steinen sitzen. Sehr langsam bewege ich mich bis auf einen Meter heran. Das Teleobjektiv ist hier überflüssig. Ihre schnell aufeinanderfolgenden Pfeiftöne ähneln ein wenig denen des Zaunkönigs, der im Süden der Insel sehr häufig vorkommt. Die pazifische Art der Teisten unterscheidet sich von der atlantischen durch den schwarzen Keil im weißen Flügelfeld, der unterschiedlich stark ausgeprägt ist. Ich denke, daß Überschneidungen beider Arten möglich sind. Feldornithologisch ist das schwer auszumachen. Eine kleine Kolonie, die hier im Frühjahr eintrifft, belegt die stark bewachsenen Steilfelsen, die jedoch nicht die Höhe der Felsen im Süden erreichen. Unter den Grasbüscheln befinden sich Eingänge zu den Höhlen mit den Gelegen. Am häufigsten begegne ich den dunklen, schwarzbraunen Vögeln mit den auffallend roten Füßen und dem tiefem Rot im Schnabel am zeitigen Morgen. Ein regelrechtes Pfeifkonzert verfolge ich, wie unter Partnern, die sich duellieren. Es ist Balzzeit. Oft sitzen sich die Paare auf einem Stein gegenüber, halten engen Kontakt mit ihren Pfeiftönen und berühren sich dabei fast mit den Schnäbeln. Im Wasser ziehen sie zu zweit kreisförmige Spuren, wobei sie oft von Eindringlingen ihrer Art gestört werden, die sie dann im Sprinttempo kurze Strecken verfolgen. Im Lauf des Tages entschwinden sie aus meinem Beobachtungsfeld. Am nächsten Morgen sehe ich sie wieder, und das gleiche Spiel beginnt von vorne.

Vor einem Jahr, Ende April, verbrachte ich einige Zeit hier in der Bucht Sarannaja. Sergej, der Jäger, fuhr mich bei strahlendem Sonnenschein mit dem Motorschlitten durch den weichen Schnee. Er setzte mich für zehn Tage ab. Wir fuhren über den tiefgefrorenen Sarannoje-See. Der Fluß zum Meer war eisfrei. Viele Beringmöwen säumten ihn.
Hunderte weiß leuchtende Skelette von Lachsen, die im vorigen Jahr ablaichten, liegen im Fluß. Die Möwen versuchen, Reste davon aus dem Wasser zu bekommen. Aus drei Metern Höhe stürzen sie sich in den Fluß, um an das Aas heranzukommen. Ihr Körperbau und das Gefieder sind für solche Aktionen denkbar schlecht geeignet. Nach mehrmaligen Versuchen gelingt es doch. Sie teilen die Beute streitend unter ihren Artgenossen am Ufer auf. Der Fluß bildet vor dem Meer einen kleinen See, der bei meiner Ankunft halb zugefroren ist. Ein amerikanischer Mink schwimmt geschickt durch die gebrochene Eisschicht an das Ufer und läuft mit schnellen Sätzen in das untere Gebälk einer Hütte. Überall, wo menschliche Zivilisation auftritt, bleibt es nicht aus, daß Ratten Einzug halten. Die kleine Fischereistation steht fast das ganze Jahr leer. Erst zur Lachswanderung belegen die Fischer aus dem etwa zwanzig Kilometer entfernten Nikolskoje für drei Monate ihre Hütten. Im April beobachte ich ein paar Wintergäste, die Anfang Mai die Insel verlassen und zu ihren Brutgebieten fliegen. Die Kamtschatkamöwe brütet nicht auf dieser Insel, aber vereinzelt trifft man sie im Sommer trotzdem an. Ein paar von ihnen sehe ich inmitten der Kolonien von Beringmöwen

Vor einem Jahr

56

Das Schmelzwasser schob den Kadaver auf den Stamm.
The melting snow pushed the carcass on the tree stump.

sitzen. Das gleiche gilt für die Lachmöwe, die im Frühjahr hier vorüberzieht. Ich sah sie in der Nähe der Ortschaft an der Küste. In dieser Zeit sehe ich auch zwei scheue Singschwäne auf dem zugefrorenen See, an deren Anblick ich mich jeden Tag erfreue. Weitere Wintergäste beobachte ich draußen auf dem Meer. Hunderte der schönen Scheckenten ziehen ihre regelmäßige Bahn. Die kleine Gruppe von Pfeifenten schwimmt in der Nähe des Ufers, und einzelne Enten kommen an Land. Die Eisenten dagegen halten weiten Abstand zum Ufer. In der Meeresbucht sehe ich zu meiner Überraschung fünf Mittelsäger, die auf Distanz zu mir schwimmen. Diese Säger konnte ich mehrmals auch im Süden, an einem See in der Lisinskaja Bucht, beobachten.

Eine große Gruppe Rentiere zieht dicht an der Hütte vorbei. Ich kann sie fast berühren, als ich im Wind- und Lichtschatten stehe. Ein Rentier bricht in das Eis des vorgelagerten Sees ein. Klitschnaß befreit es sich in kurzer Zeit. Die Küste liegt schneefrei, so daß die Tiere sich häufig unten am Ufer aufhalten, wo das trockene, abgelegte Schilfgras im Frühjahr die erste Nahrung für die Tiere bildet. Im Sommer bevölkern sie die weite, bergige Tundralandschaft, die ein reichhaltiges Angebot für die Rentiere bereithält.

Die Rentiere kamen Ende des 19. Jahrhunderts durch den polnischen Zoologen Benedikt Dybowski auf die Insel. Er brachte sie von Kamtschatka hierher und gliederte sie erfolgreich in die baumlose Tundralandschaft ein. 1882 wurden von ihm 15 Rentiere eingeführt. Bis 1890 wuchs der Bestand

Junges Ren
(Rangifer tarndus).
Young caribou.

auf 150 Stück an. Im Jahre 1903 wurde die Zahl der Tiere bereits auf 1000 Stück geschätzt. Die heutigen Rene kommen von der Karaginski-Insel. Der Bestand liegt nach meinen Schätzungen zwischen 600 und 800 Stück. Zur Zeit tragen sie alle den weichen, durchbluteten Bast. Die Fellfarbe variiert von hellweiß, gräulich bis zum dunklen Braun. Die Kälber tragen alle ein dunkles Fell.

Auf meinen Wanderungen über das verschneite, terrassenartig angelegte Bergplateau sehe ich auf einer geringfügig erhöhten Stelle eine Schneeule sitzen. Interessanterweise sucht sie nicht wie der Falke dominante Punkte in der Landschaft. Immer wieder beobachte ich sie auf halber Höhe an geschützten Bergschrägen. Sie steht unbeweglich, wie eine Plastik. Ab und zu dreht sie den Kopf und schaut zu mir herüber, ohne Erregung. Komme ich ihr zu nah, fliegt sie auf Abstand. Mit Ruhe und Gelassenheit gleitet sie lautlos über die Hügel.

Bei meiner Ankunft auf dem nördlichen Liegeplatz der Seebären begegne ich in der Station zwei Naturschützern, die diese in regelmäßigem Abstand aufsuchen. Bekannte vom vorigen Jahr laden mich herzlich zum Essen und Trinken ein. Meine Übernachtung ist gesichert. Gleich noch am selben Tag laufe ich zum Liegeplatz und bin guter Hoffnung, Seebären anzutreffen. Es ist Ebbe, und ich kann weit hinauslaufen. Zwischen den letzten Klippen sehe ich circa hundert Tiere liegen. Von den Tausenden, die im Sommer die Plätze belegen, schwimmt ein großer Teil im Herbst Richtung Süden, in das japanische Meer. Nur in milden Wintern bleibt ein kleiner Rest zurück. Die kleine Herde besteht aus männlichen Tieren. Zwischen den dunklen See-bären liegen zu meiner Überraschung die gelbockeren Seelöwen. Gewaltig und beeindruckend ist es für mich, die großen Tiere aus nächster Nähe zu betrachten. Die Seelöwen belegen die besseren Plätze. Es sind weibliche wie auch männliche Tiere unter ihnen. Die Flut kommt herein. Für mich wird es Zeit, den herrlichen Ort zu verlassen, damit sie nicht den Weg hinter mir abschneidet. Trotz Sonnenschein weht ein eiskalter Wind über die Klippen.

Porträt eines
Seebären-Junggesellen
(Callorhinus ursinus).
Portrait of a fur seal.

Fröstelnd erwärme ich mich mit heißem Tee, der mir zugereicht wird. Am Abend tauschen wir unsere Erlebnisse aus. Fragen über Fragen muß ich über mich ergehen lassen, zum Glück aber nicht alles beantworten, weil meine russischen Sprachkenntnisse nicht ausreichen. So kann ich unbequeme Dinge wie: „was kostet bei euch…?", mit *nje ponimaju* (ich verstehe nicht) beantworten. Auch wenn ich keinen Reichtum besitze, werde ich als reich angesehen. Erlebnisse, die der reisende Europäer in jedem armen Land erlebt. Ein gewisser Neid ist die Folge. Mit Karen erlebe ich das des öfteren. Aus existentiellen Notsituationen

Zivilisation – gestern und heute

Stich nach einer Fotografie von Gouverneur Grebnitzki.
Carving from a photograph by Grebnitzki.

wird größtmögliches Kapital geschlagen. Zum Glück erleben wir auch die andere Seite und sind überwältigt von der Gastfreundschaft.

Nach der Nacht in der Station kehre ich bei windigem Schneetreiben zurück in meine Ausgangshütte und genieße das Alleinsein. Die Tage vergehen schnell, und eines frühen Morgens wandere ich über den zugefrorenen See ins Dorf. Noch läuft es sich gut. Gegen Mittag stampfe ich schnaufend durch weichen, oft kniehohen Schnee. Am Nachmittag komme ich ermüdet an und werde freundlich empfangen. Die Kinder meines Freundes Dima machen mir Essen. Früher arbeiteten ihre Eltern in einer Typographiewerkstatt, in der die Insel-Zeitung hergestellt wurde. Sie erschien wöchentlich zweimal. Jetzt ist dies Geschichte. Aus Geldmangel konnte die Redaktion nicht aufrechterhalten werden. Die Druckmaschinen liegen zerlegt und zerstört auf dem Schrottplatz. Es sind die gleichen Druckmaschinen, die man in Leipzig in der Iskra-Gedenkstätte bewundern konnte. „*Iskra*" (Der Funke) war die erste gesamtrussische, illegale, marxistische Kampfzeitung, die 1900 gegründet und von Lenin geleitet wurde. Sie erschien zeitweise in Leipzig und später in München.

Jedes technische Museum wäre stolz, seinen Besuchern Maschinen aus den frühen zwanziger Jahren zu zeigen. Die Werkstatt ist ein altes Gebäude aus der Zeit Russisch-Amerikas. Es ist eines der wenigen noch vorhandenen historischen Häuser, die amerikanische Kultur wiederspiegeln. Ist es dem Zerfall preisgegeben? Im Februar 1871 wurde die Pelztierjagd von der russischen Regierung an Hutchinson, Kohl und Philippeus & Compagnie verpachtet. Später gingen die Rechte an die Alaska Commercial Compagnie in San Francisco über. Die Gesellschaft versorgte die Einwohner mit Lebensmitteln und Industrieprodukten. Russische Beamte kontrollierten die Ordnung der Inseln.

Die Einwohnerzahl steig von 110 (1827) auf 636 (1893) an. Danach ist die Zahl rückläufig. Im Jahre 1923 lebten auf beiden Inseln nur noch 364 Menschen. Der untere Teil der Ortschaft war früher der Kern. Nordenskiöld schildert seinen Besuch 1881 in dem einzigen Ort der Beringinsel so:

Die Eingeborenen wohnen theils in ziemlich geräumigen und inwendig nicht unwohnlichen Rasenhäusern (Barabaro), theils in kleinen Holzhäusern, welche letzteren die Gesellschaft anstatt der früheren Häuser dadurch einzuführen suchte, daß sie jährlich einige Holzgebäude anfertigen ließ und an die Verdienstvollsten der Bevölkerung verschenkte. Jede Familie hat ihr eigenes Haus. Auch gibt es hier eine Kirche für den griechisch-katholischen Gottesdienst und ein geräumiges Schulhaus (…) Bei der „Colonie" sind die Häuser an einer Stelle zu einem Dorf vereinigt, das nahe dem Meersstrande in passender Entfernung vom Fangplatz, in einem im Sommer grünenden, aber waldlosen und von waldlosen, abgerundeten Berghöhen umgebenen Thal liegt. Vom Meere nimmt sich das Dorf ungefähr wie ein kleinerer nordischer Fischerflecken aus. Außerdem liegen hier und da einige Häuser zerstreut auf andern Theilen der Insel, z.B. auf ihrer nordöstlichen Seite, wo der Kartoffelbau in unbedeutendem Maßstabe getrieben werden soll, und bei dem Fangplatz auf der nördlichen Seite, wo

Stich nach einer Fotografie Ende des 19. Jahrhunderts – Nikolskoje.
Carving from Nikolskoje at the end of the 19th century.

einige große Pelzscheunen und eine Menge nur während der Schlachtzeit benutzte, ganz kleine Erdhöhlen angelegt sind.

Die unbewohnten Kommandeurinseln wurden Anfang des 19. Jahrhunderts durch die Russisch-Amerika-Kompanie besiedelt. Sie holten die Aleuten von den Nachbarinseln wie Unalaska, Sitka, Attu, Kodiak, Ratten- und Fuchsinseln und später von den Pribylow-Inseln zur Bering- und Medny-Insel. Die ersten Häuser befanden sich im nördlichen Teil der Beringinsel – Staraja Gawan, Sarannoje und das heutige Nikolskoje. Seit 1825 kann man von einer ständigen Besiedlung sprechen.

Durch die unterschiedliche Herkunft der Aleuten von den verschiedenen Inseln, und durch das isolierte Leben auf der Bering- und Medny-Insel bedingt, bildeten sich in kurzer Zeit neue ethnische Strukturen heraus. Oft konnten sich die Einwohner der beiden Inseln schwer miteinander verständigen. Die Unterjochung der Aleuten durch die Verwaltung der Russisch-Amerika-Kompanie erinnert an die Leibeigenschaft in Rußland.

Selbst heute spürt man eine Distanz zwischen Ureinwohnern und Russen. Um der Gefahr der Inzucht unter den kleinen Aleutengruppen zu begegnen, siedelte man Ende des 19. Jahrhunderts noch Kamtschadalen aus Kamtschatka, Zigeuner, Russen und sogar Kirgisen an. Im Zuge der Sowjetisierung Mitte unseres Jahrhunderts kamen viele Menschen aus anderen Unionsrepubliken, besonders aus Südrußland und aus der Ukraine, in die abgelegene Region.

Eine alte Druckmaschine aus den zwanziger Jahren.
An old printing press from the twenties.

Verschneites Nikolskoje.
Nikolskoye snowed in.

Der größte Teil der heutigen Dorfbevölkerung wohnt auf halber Berghöhe in zeilenartig angeordneten, zweigeschossigen Holzhäusern. Dieser Häusertyp zieht sich von Westrußland bis in den Osten zum Pazifik hin. Er wurde in der frühen Sowjetunion entwickelt, ohne die örtlichen Gegebenheiten zu berücksichtigen. Gewissermaßen eine Fortsetzung der alten diktatorischen Kolonialpolitik, deren Spuren noch heute zu sehen sind. Nach Einzug sowjetischer Staatsstrukturen verfiel die amerikanische Kultur, die zum Staatsfeind in Zeiten des kalten Krieges erklärt wurde. Heute können wir nur noch in den Vitrinen des Museums Fragmente von Hauseinrichtungen, aleutische und amerikanische Gegenstände betrachten. Wattejacken und Gummistiefel zogen als neue Arbeitskleidung ein. Aleutische Naturmaterialien verschwanden, ebenso das Wissen, welche eßbaren Pflanzen bei Skorbut dienlich sind. Die im Nikolskojer Museum ausgestellten Exponate aleutischer Tradition sind Leihgaben aus amerikanischen Museen.

Die Kirche diente als Versammlungsraum. Eine freundliche, im Museum arbeitende Aleutin zeigt mir ein Foto aus den dreißiger Jahren. Über dem Altar hing ein großes Fahnentuch mit dem Wappen der Sowjetunion. Das

Stalinbild zierte die Mitte des dahinter befindlichen Altars – ein Hohn und Spott auf die kirchlichen Missionare, die schon der russischen Kolonialpolitik ein Dorn in Auge gewesen waren. Die Missionare im 19. Jahrhundert setzten sich für die arme aleutische Bevölkerung ein. Kotzebue, Leutnant der Romanzoffschen Expedition, schildert seine Erlebnisse von 1816 mit Aleuten in dieser Form:

Ich glaube gewiß, daß ihre Spiele und Tänze in früherer Zeit, als sie noch im Besitz ihrer Freiheit waren, anders gewesen sind als jetzt, wo die Sclaverei sie bei nah zu Thieren herabgewürdigt hat, und wo dieses Schauspiel weder erfreulich noch belustigend ist.

Fast jeder heute hier lebende Aleute hat auf mütterlicher oder väterlicher Seite russisches Blut. Heute erinnern nur noch verschiedene Jagd- und Eßkulturen an alte Zeiten. Die feinen Korbflechtarbeiten aus Schilfgras oder die Knochenschnitzerei gehören der Vergangenheit an. Die aleutische Gastfreundlichkeit und ein fast immer lächelndes Gesicht, trotz miserabler wirtschaftlicher Lage, überraschten uns sehr angenehm. 1994 bekamen sie das erste Mal Lizenzen, die ihnen und ihren Familien erlaubten, im Süden der Insel zu fischen. Nach über siebzig Jahren lernen sie nun erst ihre Insel kennen. Auf alten Fotos sehe ich noch *Barabas* – aufgeworfene Erdhütten, die als Unterkünfte dienten. Man erzählt mir, daß diese früher aus Rippen von Walen errichtet wurden. Die Aleuten waren geschickte Jäger. Sie mußten den Kolonialherren dienen und die erlegten Pelztiere abgeben. Damals wie heute macht sie der Alkohol zu gefügigen Menschen. Im Jahre 1907 wurde die Kartoffel auf der Beringinsel eingeführt, ein Jahr zuvor auf der Medny-Insel. 1905, so lese ich in Suworows altem Buch, hat es 49 Kühe gegeben, 3 Schweine, 18 Enten und Hühner, sowie 544 Hunde – eine unvorstellbare Zahl an Hunden. Sie gehörten als notwendige Zugtiere in jeden Haushalt. Heute erledigt das die alte, marode Technik. Mit viel Improvisation und Geschick erhält man Technik, Strom- und Wasserversorgung aufrecht. Neue Maschinen und Material sind bei der jetzigen Lage nicht zu erwarten. Alte Motorräder, die bereits zwölf Jahre gedient haben, gehören hier zum jungen Eisen. Die Versorgung vom Festland ist katastrophal. Aus Mangel an Waren steigen die Preise ins Unermeßliche.

Das eigene Land ist nicht mehr in der Lage, seine Bevölkerung mit Grundnahrungsmitteln zu versorgen. Dafür fließen Milliarden in den Krieg zwischen Rußland und Tschetschenien. Eine traurige Tatsache, die auch wir am eigenen Leib spüren, wenn wir auf viele Lebensmittel verzichten müssen. Die Kohleschiffe fahren unregelmäßig. Oft können die wichtigen Rohstoffe nicht bezahlt werden. Die überhöhten Flugpreise für In- und Ausländer sind

Verkäuferinnen. Während die eine „nur schön" war, versuchte die andere, unser Russisch zu verbessern.
Shop assistants, one a beauty, the other tried to teach us Russian.

unbezahlbar. Wir finden eine Isolation vor, die einer Verbannung des 19. Jahrhunderts entspricht. Stromabschaltungen und kalte Wohnungen gehören zum Alltag. Die Sibirien-Zuschläge, die es in der Zeit der Sowjetunion gab, fallen aus. Der materielle Anreiz zog Millionen aus allen Sowjetrepubliken in die entferntesten Orte Sibiriens. Nach Ökonomie wurde nie gefragt. In den absurdesten Gegenden förderte man Erz, Kohle und Erdöl. Die Rentabilität interessierte keinen. Heute sind ein Teil der Ortschaften verlassen, zwangsevakuiert. Ein trauriges, melancholisches Gefühl überkommt mich, wenn ich durch die Dörfer laufe. Die Menschen brachten keine Kultur in diesen Gegenden. Sie wollten das schnelle Geld und reich zurückkehren nach Europa. Heute sitzen sie in der von ihrem Raubbau zerstörten Natur. Alkoholismus und Lethargie sind das erschreckende Ergebnis.

Unsere Freunde Dima
(links) und Sergej.
*Our friends Dima (left)
and Sergej.*

Jäger auf Medny.
Tusche Pasenjuk
*Hunter on Medny.
Black ink Pasenjuk*

Fischer im Boot,
Tuschezeichnung von
Sergej Pasenjuk
*Fisherman in Boat,
Black ink drawing by
Sergej Pasenjuk*

Unsere Freunde Auch im Ort Nikolskoje macht sich dieses Gefühl bemerkbar. Eine Ohnmacht breitet sich aus. Nur ganz wenige, wie unser Freund Sergej, stecken voller Elan und schaffen eigene Werte. Er gestaltet eine Scheune als Bootshaus um, baut herrliche Baidaras, die wir selbst nutzen können, und im Winter zeichnet er mit Tusche in seiner Jagdhütte: Natur und Mensch, seinen Lebensraum, seine Wünsche und Träume. Mit Freunden aus Kamtschatka fuhr er auf einer Segeljacht nach Alaska. Die Jahre zuvor segelten sie an der Küste Kamtschatkas entlang, nach Tschukotka hinauf. Welch eine Kraft und Energie wird frei, die sein Leben gestaltet. Nur wenigen gelingt dies im Dorf.

Selbstporträt von Sergej
Einsame Nächte in der
Jagdhütte
Selfportrait of Sergej
Lonesome nights at
shooting hut

Dima, unser anderer Freund, und seine Frau Olga hatten in der Typographiewerkstatt der Insel wöchentlich eine Vier-Seiten-Zeitung herausgebracht. Damals gab es die Zensur, und bis zuletzt überwachten Mitglieder des alten Parteiapparates die Zeitung. Sie saßen in der Gebietshauptstadt Petropawlowsk und erschweren es immer noch, demokratische Strukturen einzuführen.

Als die Zeitung geschlossen wurde, war Dima überhaupt nicht traurig. Jetzt entwickelt und vergrößert er seine Bilder von der Insel zu Hause, und ich denke, mit Erfolg, wie die wenigen Fotos in diesem Buch zeigen. Zur Zeit arbeitet er als „Fischinspektor", eine Arbeit, die mehr einschließt, als der Name sagt. Neben den Kontrollgängen, die nicht ungefährlich sind, wirkt er auch für den Naturschutz. Robben und Seeotter werden gefangen und markiert, toten Tieren wird das Fell abgezogen, und vieles mehr. Die Arbeit ist sehr umfangreich. Sie ermöglicht Dima, weite Teile der Insel zu sehen, die für die meisten Einwohner unerreichbar bleiben. Kettenfahrzeug und Hubschrauber erleichtern es, in die entlegensten Gebiete beider Inseln zu kommen.

Titelseite der aleutischen
Zeitung.
Headline from the Aleut
newspaper.

Auch ich habe gute Beziehungen zur Naturschutzbehörde, und ihre freundlichen Einladungen sind mir von Nutzen. So konnte ich im März 1994 an einer kleinen Expedition in den Norden der Insel teilnehmen. Es handelt sich um ein Gemeinschaftsprojekt, das von russischen, japanischen und amerikanischen Wissenschaftler geleitet wird, die sich für den Schutz der Seeotter in der Beringsee einsetzen. Dabei gilt es wichtige Untersuchungen durchzuführen, um die Lebensweise der Otter zu erforschen. Ich nahm die Einladung bereitwillig an, eine Woche lang Meeresbiber, wie sie oft im 19. Jahrhundert genannt wurden, zwecks Markierung zu fangen.

Wir fahren mit einem Kettenfahrzeug durch die tiefverschneite nördliche Hügellandschaft. Etwa fünfundzwanzig Kilometer vom Ort entfernt halten wir an und beziehen die Hütte. Wir sind zu fünft: Viktor Nikulin, der Hauptverantwortliche für den Naturschutz auf der Insel, Sascha Burdin, ein Wissenschaftler aus Petropawlowsk, der die Fäden international knüpft, zwei japanische Wissenschaftler und ich. Meterhoch ist die Eingangstür zugeschneit. Nachdem wir sie freigeschaufelt haben, entladen wir das Auto und säubern die Hütte. Der von den Japanern mitgebrachte Benzinofen erwärmt schnell den Raum, bevor der gemauerte, etwas desolate Herd in Gang kommt. Noch am späten Nachmittag fahren wir mit einem Motorschlitten kurz vor den Liegeplatz, auf dem sich im Sommer Tausende Seebären aufhalten.

Die Bühne bestand in einem steinbelegten, von schäumenden Brandungen umspülten Strand, der Hintergrund aus dem unermeßlichen Meere, und die Schauspieler aus Tausenden von wunderlichen geformten Thieren. Das war der erste Eindruck Nordenskiölds, als er mit seiner Expedition im Sommer auf Hundeschlitten über die feuchte, glitschige Erde hinwegfuhr. Jetzt im Winter sehen wir keinen einzigen Seebären, aber aus dem Wasser schauen vier Seelöwen heraus. Mit ihren länglichen Schnauzen sind sie sehr gut erkennbar. Viele Seeotter liegen weit draußen auf den Klippen im Meer. Ich zähle über hundert Tiere. Viktor berichtet von Ansammlungen bis zu tausend Stück. Ich laufe zu Fuß zurück und genieße die abendlichen Sonnenstrahlen. Sie werden die letzten der hier zu verbringenden Zeit sein. Sascha hofft auf schlechtes Wetter. Dadurch erhöht sich die Fangquote der zu markierenden Otter.

Seeotterfang auf dem nordwestlichen Liegeplatz

Seeotter.
Historischer Stich
Sea otter.
Historical Carving

Bei Gefahr packt der Seeotter (Enhydra lutris) das Junge am Nacken und zieht es ins Meer. *In a dangerous situation the sea otter takes its young by the neck into the sea.*

Dima Utkin Jagdhütte am verschneiten Kap Tolstoi *Shooting hut at snowy cape Tolstoi*

Gesagt, getan – am zeitigen Morgen, bevor es hell wird, brechen wir auf. Bei eisigem Wind und Schneetreiben, tief verpackt und immer fröstelnd fahren wir mit dem Motorschlitten an die Schlafplätze der Seeotter heran. Bis zur Küste laufen wir dreihundert Meter. Hinter windgeschützten Felsen nehmen wir Deckung, die Netzköcher griffbereit zum Start auf die noch schlafenden Meeresbiber, deren dunkles Fell aus dem Schnee herausschaut. Viktor gibt das Zeichen zum Losrennen. Wir stürzen auf die verschlafenen Tiere. Ein großer Teil erkennt die Gefahr rechtzeitig und entkommt. Uns reicht die Beute, denn wir haben ja nur fünf Köcher. Die possierlichen Tiere sind auf dem Lande nicht so schnell und geschmeidig wie im Wasser. Trotzdem gehört ein wenig Geschick dazu, die Otter zu fangen. Man schafft es nur während des Laufens, ihnen den Köcher über den Kopf zu stülpen. Zappelnd und sich wehrend liegen sie im Netz. Kleine Atemwölkchen kommen bei der Kälte aus ihrer Nase. Schnaufen, aber keine stimmlichen Laute sind zu hören. Mit viel Geschick stanzt Viktor ein Loch in die hintere Pfote, die bei den Seeottern als Schwimmflosse ausgebildet ist. Die kleinen, ausgelochten Hautplättchen kommen in Reagenzgläser, die mit konzentriertem Alkohol gefüllt sind. Später werden sie in amerikanische Labors geschickt und dort untersucht. Viktor drückt die Plastmarke in die Flosse ein. Gemeinsam heben wir den Köcher mit dem darin befindlichen Seeotter an und wiegen das herrliche Tier. Kurz darauf öffnen wir das Netz, und der Otter läuft geschwind dem Meer zu. Schnell taucht er eine weite Strecke, um sich der Gefahr zu entziehen. Die ganze Prozedur dauert nicht länger als zehn Minuten. Viktor und Sascha sind ein eingespieltes Team und verstehen sich blind. Danach kommen die anderen gefangenen Otter dran.

So markieren wir sechsundvierzig Seeotter in einer Woche. Darunter befinden sich nur vier ausgewachsene Weibchen, dreiundzwanzig männliche Jungtiere der letzten Jahre und sechzehn Männchen. In dieser Woche wurden sieben Seeotter tot aufgefunden. Nach gründlichen Messungen zieht Viktor ihnen das Fell ab. Ein Teil der Leber wird im Labor untersucht. Leider ist die Todesrate der Seeotter zwischen Dezember und April sehr hoch. Jährlich werden vierhundert dieser Pelztiere tot aufgefunden. Es gab schon ein Jahr, in dem siebenhundert Leichname aufgelesen wurden. Die Gründe sind bis jetzt noch nicht restlos geklärt. Im Winterhalbjahr sammeln sich die Seeotter zu großen Scharen. Es ist möglich, daß das Nahrungsangebot nicht reicht und die Population zusammenbricht, ohne dabei die Art zu vernichten. Ich habe im Süden der Insel Seeottern das Fell abgezogen, deren Lenden völlig eingefallen waren. Traurigkeit überfällt mich, wenn ich im Mutterleib noch Ungeborene finde. Die Natur kennt keine Sentimentalität. Sie ist nur uns eigen.

Ein ungeborener Seeotter
(Enhydra lutris).
An unborn sea otter.

Ich konnte die Tiere lange Zeit beobachten und mich an ihren Verhaltens-weisen erfreuen. Ende April kommen die Jungen zur Welt. Die erste Zeit liegt das Junge auf dem Bauch seiner schwimmenden Mutter. Es wirkt im Fell heller als die Alttiere. Taucht die Mutter nach Nahrung, so treibt das Kleine wie erstarrt, an Treibholz erinnernd, auf der welligen Meeresober-fläche – eine Schutzfunktion, um sich den Gefahren der Außenwelt zu ent-ziehen und keine Aufmerksamkeit zu erwecken. Gegen Abend, fast schon nachts, zieht es mit seiner Mutter an Land. Ineinandergerollt schlafen sie bis in den Morgen. Bei schlechtem, stürmischem Wetter bleiben sie länger an Land. Tagsüber versuchen sie, die bei Ebbe frei stehenden Klippen zu be-setzen. Oft liegen sie friedlich, fast hautnah mit den Seehunden zusammen. Die Hilferufe der Jungen vernehme ich sehr deutlich. Auf die hohen, quie-kenden, an Vogelstimmen erinnernden Töne hin kommt die besorgte Mutter angeschwommen. Die Hauptnahrung bilden Seeigel, Muscheln und Seesterne, gelegentlich auch Fisch, was ich aber nur einmal beobach-ten konnte. Nicht selten machen die aggressiven Beringmöwen dem See-otter die Beute streitig. Mehrere Möwen schwimmen gleichzeitig um den Seeotter herum. Das Tier zerlegt seine Nahrung, auf dem Rücken schwimmend, offen auf der Bauchseite, gut sichtbar für alle Konkurrenten. Die Möwen schnappen nach dem Abfall der Seeotternahrung. Gierig ver-suchen sie sogar, dem Otter das Futter aus den Vorderpfoten zu reißen. Der Seeotter stand dramatisch kurz vor dem Aussterben. Die heutige Population stammt von der Medny-Insel und wurde Anfang des 20. Jahrhunderts hier auf der Beringinsel mit Erfolg angesiedelt. Steller und seine Begleiter nahmen 1742 neunhundert der dunkelbraun glänzenden Felle mit auf die Rückfahrt nach Kamtschatka. Wir konnten ein Seeotterfell mit ausgeschriebenem Zertifikat für das Museum in Dresden erwerben. Es ist ein seltenes Exemplar, wie uns die Verantwortlichen für Naturschutz versicherten. Das Fell faßt sich sehr weich und samtig an. Man sagt, es hätte fünftausend Haare auf zwei Quadratzentimetern. Das große Mardertier besitzt keine dicke Speckschicht wie die Seehunde, und nur das dichte Fell schützt es vor Kälte und Nässe. Die Otter sind die meiste Zeit schwimmend auf dem Meer und kommen erst spät in der Nacht aufs Land. Bei ruhiger See bleiben sie auch in der Nacht draußen. Unser Fischotter bewegt sich dagegen nur zur Nahrungssuche im Wasser. So ist es kein Wunder, daß der Seeotterpelz zwei Jahrhunderte lang beliebtester Exportartikel war. In der Zeit von 1797 bis 1821, lese ich, führte die Russisch-Amerika-Kompanie 72.894 Seeotterfelle aus. Die Zahl der von Wilderern erlegten Tiere wird um ein Vielfaches höher liegen.

Am Anfang fuhren die Aleuten mit ihren beweglichen Baidaras auf das Meer und töteten die Otter mit Speeren. Später wurde diese Arbeit mit Schußwaffen verrichtet, was fast zu ihrer Ausrottung führte. Heute schätzt man die Zahl für beide Inseln auf etwa viertausend Stück. Sie stehen unter strengstem Schutz. Das Verbot der Küstenfischerei ist eine dienliche Sache für die hier lebenden Seetiere. Mögen diese Zonen mit den neuen Strukturen Rußlands erhalten bleiben. Natürlich war das Verbot in der damaligen Sowjetunion aus ideologischen und militärischen Gründen verordnet worden und galt für alle Grenzgebiete. Durch diese Übertreibung konnte sich in den grenznahen Gebieten eine unberührte Natur erhalten, so auch hier auf den Kommandeurinseln.

Dima Utkin:
Ein Seeotter läßt
sich porträtieren
(Enhydra lutris).
*A sea otter poses for her
portrait.*

Während der Seeotterfang in den frühen Morgen- **Die allgegenwärtige Beringmöwe**
stunden geschah, beobachtete ich die Bering-
möwe den ganzen Tag über am Aas. Die frisch
abgezogenen Seeotter lagen aufgebrochen vor unserem Hüttenfenster. Ich
saß gemütlich im warmen Zimmer und konnte draußen, in der Unwirtlich-
keit des eisigen Windes und Schneefalls, jeden Tag ein Paar Beringmöwen
am Aas verfolgen. Die Möwenfrau vom Möwenmann zu unterscheiden,
gelingt nur bei längerem Beobachten. Das Weibchen ist schmächtiger und
sein Kopf etwas schmaler als beim männlichen Partner. Die Beringmöwe
ähnelt in der Größe unserer Silbermöwe, ihre Flügeldecken sind jedoch
heller, auch die Enden der Handschwingen bleiben hellgrau mit weißen
Flecken. Der gelbe Schnabel ist kräftig ausgeprägt und hat ein rotes unteres
Schnabeleck. Die fleischfarbenen Beine sind gut sichtbar. Es würde zu weit
führen, das Verhalten der Tiere hier in Detail und Uhrzeit zu beschreiben.
Jetzt im März treten sie häufig paarweise auf. Einen Monat später konnte
ich abends die Balz der faszinierenden Vögel beobachten.

Mit lautem „kiau, kiau" fliegt eine männliche Beringmöwe an den frischen
Kadaver heran, ohne ihn jedoch zu berühren. Minutenlang ruft sie ununter-
brochen. Die flache Meeresküste liegt etwa dreihundert Meter entfernt. Es
wäre kein Problem für andere Artgenossen, diesem Ruf zu folgen und sich
am reichen Futter zu beteiligen. Das Weibchen kommt und setzt sich ein bis
zwei Meter abseits vom Männchen. Jetzt fängt das Männchen an, die
Weichteile aus dem Otter herauszuziehen. Das weibliche Tier ist immer
noch auf Distanz. Beide fliegen kurzzeitig auf und schweben gelassen, aber
voller Scheu, bis auf zwei Meter Abstand wieder an den Kadaver heran.
Kurze Rufe ertönen, und dann wagen sich beide an das Aas. Die Flügel
halten sie meist offen, um sofort wegfliegen zu können oder mit mehr Kraft
Teile herauszuzerren. Am nächsten Morgen muß ich den Kadaver vom ver-
eisten Schnee freilegen, der sich wie ein Wall aufgebaut hat. Jeden Tag,
wenn das Paar anfliegt, stehen sie mit der gleichen Scheu vor dem Aas.
Beide bleiben oft Stunden vor dem Futter stehen, das reichlich Nahrung für
viele Möwen bieten könnte. Ab und zu fliegt eine kleine Gruppe ganz dicht
vorbei, ohne die geringsten Anstalten zu machen, sich an dem Festmahl zu
beteiligen. Die Eingeweide liegen meterlang auf der Schneedecke, und der
Wind weht sie zu. Endlich, eine dritte Möwe erscheint. Mit Drohgebärden
stolziert das Männchen auf den Eindringling zu, der nach einiger Zeit
wieder davonfliegt. An jedem Hafen streiten sich die Möwen um den klein-
sten Happen Eßbares, und hier draußen nutzt nur das eine Paar das über-
reiche Nahrungsangebot. Jeden Tag legen wir neue Seeotterkadaver dazu,

Beringmöwe auf ihrem Gelege (Larus glaucescens).
Glaucous winged gull on the nest.

die wir tot am Strand finden. Sie entreißen nur die Eingeweide, alles andere bleibt unberührt. Mit großer Bewunderung sehe ich ihre Flugkünste. Nicht umsonst erscheint die Möwe oft in der Literatur, wie in der herrlichen Erzählung von Richard Bach „Die Möwe Jonathan":

Nur ganz draußen, weit, weit von Boot und Küste entfernt, zog die Möwe Jonathan ganz allein ihre Kreise. In dreißig Meter Höhe senkte sie die Läufe, hob den Schnabel und versuchte schwebend eine ganz enge Kurve zu beschreiben. Die Wendung verringerte die Fluggeschwindigkeit; Jonathan hielt solange durch, bis das Sausen der Zugluft um seinen Kopf nur noch ein leises Flüstern war und der Ozean unter ihm stillzustehen schien. In äußerster Konzentration machte er die Augen schmal, hielt den Atem an, erzwang noch ein…einziges…kleines…Stück…dann sträubte sich das Gefieder, er sackte durch und kippte ab. Niemals dürfen Seemöwen aufhören zu schweben oder zu fliegen, niemals dürfen sie absacken. Für eine Möwe bedeutet das Schmach und Schande.

An steilen Felswänden sehe ich sie dicht vorbeischweben und im gleichen Moment in einem Wellental kurzzeitig verschwinden, um dann in Ruhe den Lüften hoch zu folgen. Alles erscheint mühelos, ohne die leiseste Anstrengung. Im dichten Schneetreiben sitzen sie, als wären sie aus Blei, in der offenen Landschaft. Kein Sturm fegt sie weg, nur ein paar Federn bewegen sich.

In poetischer Art reflektiert Morgenstern über die Möwen:

Möwenlied

Die Möwen sehen alle aus,
als ob sie Emma hießen
Sie tragen einen weißen Flaus
und sind mit Schrot zu schießen

Ich schieße keine Möwe tot,
ich laß sie lieber leben –
und füttre sie mit Roggenbrot
und rötlichen Zibeben.

O Mensch, du wirst nie nebenbei
der Möwe Flug erreichen.
Wofern du Emma heißest, sei
zufrieden, ihr zu gleichen.

Im Speiballen der Bering-
möwe fand ich Späne
vom hiesigen Sägewerk.
A gloucous winged gull
vomits a ball of sawdust
and fishbone mixture.

Ich finde eine tote Beringmöwe in der Nähe der Ortschaft. Nachdem ich alle Maße abgenommen habe, streiche ich mit der Hand über das weiche Brustgefieder. Ich empfinde Wärme. Gut isolierend liegen Federn in mehreren Schichten auf der starken Haut und schützen.
Die Reviere der Beringmöwen liegen auf kleinen, vorgelagerten Inseln westlich der Beringinsel. Auf den Inseln Toporkow und Ari Kamen befinden sich die größten Kolonien. Dort teilen sie sich die Brutgebiete mit vielen anderen Seevogelarten, wie Meerscharben, Lummen, Gelbschopflunden, Dreizehenmöwen und Teisten. Anfang Juni zähle ich in den Gelegen der Beringmöwen drei bis vier hühnereigroße, gesprenkelte Eier. Die Farbe variiert von einem Grünton bis in das Bräunliche hinein. Die Nester auf Toporkow liegen am flachen Strand, der sandig bis steinig ist. Die Gelege sind aus Gras zusammengesetzte, weiche Mulden und haben einen Abstand von ein bis zwei Metern zueinander. Mit dem Baidarka lege ich an, ein hoher Lärmpegel erwartet mich. Oft fliegen die aggressiven Möwen knapp an meinem Kopf vorbei. Dabei speien sie eine rotflüssige, ätzende Masse aus. Sehr langsam laufe ich den Küstenstreifen ab. Es zieht Ruhe ein, und die Möwen bleiben bei einem Abstand von zwei Metern auf ihren Gelegen sitzen. Mehrere Male beobachte ich, wie sie sich gegenseitig und anderen die Eier rauben. Vor allem die Beringmeerscharbe ist den freßgierigen Eierdieben ausgesetzt. Auf der Südseite der nur einen Kilometer langen und breiten Insel

Toporkow sehe ich die ersten Jungen der Beringmöwe. Die Frage: Nesthok-ker oder nicht? läßt sich nicht eindeutig beantworten. Die frisch Geschlüpf-ten besitzen schon Flaum und können laufen. Ich sehe die gleiche Art vom Strand auch auf Felsen brüten, wo die Jungen gezwungen sind, geduldig im Nest hockenzubleiben. Vieleicht waren sie früher alle Felsbrüter, bevor sie aus dem arktischen Raum in die südliche Beringsee übersiedelten?

Auf der Insel Toporkow werden im Frühjahr Tausende Eier abgelesen. Eine alte Tradition der Aleuten, die den Bestand der Beringmöwen nicht gefähr-det. In geflochtenen Körben oder Blecheimern liegen die Eier, mit Schilfgras gut abgepolstert, für den Transport bereit.

Auch die Gelbschopflunde sind für die Ureinwohner eine willkommene Speise. Sie treten in solchen Massen auf und fliegen so niedrig über die Insel, daß sie mit Köchern gefangen werden. Leider sehe ich diese Fangmethode nur auf Dias, die ich für Dima in Deutschland entwickeln ließ. In der Fang-zeit verweilte ich noch im Süden der Beringinsel. Die Gelbschopflunde tre-ten in großer Zahl auf, von Kamtschatka die Aleuteninselkette entlang bis hinüber nach Amerika. Hier treffen sie Anfang Mai ein. Weitere Brutplätze befinden sich auf der Insel Medny, wo sie jedoch nicht in so großen Kolo-nien leben wie auf Toporkow. Auf einer kleinen, südwestlich der Beringinsel vorgelagerten Insel, kann man sie ebenfalls sehen. Leider konnte ich bis jetzt keine Jungvögel beobachten. Die braun gesprenkelten Eier, die sie in ihre tief gegrabenen Höhlen legen, fand ich des öfteren. Mit ihrem scharfen roten Schnabel können sie unsere Haut leicht zerschneiden. Die Aleuten ziehen Handschuhe an, um die Gelbschopflunde aus ihrem Bau zu holen. Im September 1991 wurden aus Anlaß der 250-Jahrfeier der Strandung Vitus Berings und seiner Crew über zweihundert der herrlichen, fast wie Clowns aussehenden Gelbschopflunde geschossen. Sie gelten als National-gericht und wurden den russischen Gästen serviert.

Mit russischen Gästen meine ich die regionale Politführung der damals noch nicht aufgelösten kommunistischen Partei, die an dem Festmahl teilnahm.

Beringmöwenei.
*Egg from a glaucous
winged gull.*

Aus meinem Tagebuch diese aneinandergereihten Zeilen:

Vogelinsel – Funktionärsausflug

Das Meer schreit, zerschellt an hartem Lavagestein,
Widerstände der Faszination,
weißer Vogelkot zieht sich streifenartig nach unten ins grüne
schäumende Meer.
Weißes Gekreisch, Möwen schrecken auf,
schwarzer Anzug, glänzende Schuhe steigen ängstlich aufwärts.
Außer Meeresvögel für den politischen Dialog zu wenig.
Meerscharben schauen menschlicher Unbeholfenheit zu.
Schüsse, die kein Mikrofon aufnehmen kann.
Der Tod fällt klatschend ins dunkle Wasser.
Köcher lesen sie auf.
Leere Flaschen, denen Wodka aus den Schwänzen fließt, schwimmen
bergauf, bergab,
an Inseln vorüber und warten, an Steinen zu zerspringen.

Heute gibt es keinen Anlaß, daß Funktionäre zu diesen Inseln kommen. Dafür werden sie jetzt von reichen amerikanischen Touristen besucht, die sich mit Schlauchbooten vom großen Schiff aus übersetzen lassen. Eine Einnahmequelle, die den Leuten, die hier auf der Insel wohnen, nicht zugute kommt. Das Geld fließt nach Petropawlowsk oder nach Moskau. Oft ist die eigene Naturschutzbehörde nicht informiert oder antwortet mir zumindest, sie hätte nichts davon gewußt. Ein doppeltes Spiel, das ich oft in Rußland erlebe. Wie sehr diese Besuche die Kolonien beunruhigen, kann man sich selbst ausrechnen.
Wie auf Kamtschatka gibt es auch hier auf der Insel für die Bevölkerung Jagdzeiten. Die Jagd ist kein Privileg und wird von einem großen Teil der Einwohner ausgeübt. Rußland lebt seit Jahrhunderten von der Jagd. Hier bildet sie eine willkommene Abwechslung zum tristen Alltag. In erster Linie werden Enten gejagt.

Meine Erlebnisse mit Freizeit-Jägern, Zeilen von meiner ersten Reise in das Fernöstliche.

Die Jäger

Matrosen: werdet Jäger oder Vulkanführer
Alle Matrosen werden Jäger und Vulkanführer.
Der Navigator sucht seine Vulkane bei schlechtem Wetter.
Der Jäger sucht seinen ausländischen Tourist, aber findet nur Bären

Goldene Zähne leuchten aus dem gestreiften Matrosenhemd
an zottigen braungrauen Pferderücken vorüber.

Alle Kraftfahrer und Fischer sind Jäger, wer nicht?
bremst, knallt, pufft, fliegt, kracht, stürzt
ohrenbetäubend, durchschneidet die grüne Stille der blauen Weite,
die Landschaft.
Das Herz bleibt stecken. Traurigkeit strömt aus.
Patronen, Schrot, leere Büchsen, abgebrochene Birken, Asche
verteilen sich entlang der aufgerissenen zerfurchten Kettenspuren
in der Tundralandschaft,
damit Europa und Amerika verschont bleiben.
Der Rubel rollt, der Dollar fliegt, welch eine Höhe,
Maß aller Dinge für ein Volk, das sich verbrennen will.
Ursprünglichkeit wird Vergangenheit
Das Suchen nach der Stecknadel beginnt.

Ruhekleid des
Beringstrandläufers
(Calidris ptilocmenis).
*Wintercoat of a rock
sandpiper.*

Das erste Mal begegnete ich ihm im März im **Der Beringstrandläufer,**
Ruhekleid. Ich sah eine größere Gruppe in der **Stand- oder Strichvogel**
Uferzone mit schneller Geschwindigkeit vorbei-
fliegen, ohne sie bestimmen zu können. In meiner Unwissenheit nahm ich an,
einen neuen Vogelgast auf der Beringinsel zu sehen, der hier überwintert hat.
Im Frühjahr, nach der Mauser, mußte ich mich eines Besseren belehren lassen. Endlich fand ich eine Stelle, wo sie zu Hunderten auf Steinklippen saßen,
die teilweise mit Eis überzogen waren. Das Meer hinterläßt bei Ebbe, im seichten Gewässer, Spuren von dünnem Eis, das die hereinkommende Flut auf-
bricht. Dort, an den Rändern, sitzen die Beringstrandläufer. Das Gefieder sieht
zu dieser Zeit dunkelgrau-bräunlich aus. Der Kopf ist heller abgesetzt. Die
Füße sind gelblich, und der Schnabelansatz ist ebenfalls hell. Die Brust, ge-
sprenkelt, läuft zum Bauch in ein schmutziges Weiß über. Man weiß über den
Strandläufer sehr wenig, obwohl er der häufigste Vogel dieser Küste ist. Jetzt
sind sie noch in Scharen anzutreffen. Nicht mehr lange, und sie verteilen sich
auf die bergige Tundralandschaft. Im weichen Pflanzenpolster bauen sie ihre
Nester. Oft kommt es vor, daß während des Brütens dicke, wäßrige Schneeflocken auf sie herabfallen. Während der Brutzeit tragen sie ein schönes Gefieder. Sobald im April die Mauser anfängt, färben sich die Federn über die
Schulter hin zur Flügeldecke rotbraun. Der Kopf zeigt große Variabilität, mal
ist er hellgrau, mal dunkler gefärbt. Hinter dem Auge befindet sich, mehr oder
weniger deutlich, ein dunkler Fleck.

Mitte Juni sehen wir die ersten Jungen. Wie kann es anders sein: Sie sind Nestflüchter. Das flauschige, gesprenkelte Gefieder bettet sich gut getarnt in die niedrigwachsende Vegetation ein. Wir werden aufmerksam, als die Mutter sehr auffällig einen Meter vor uns kreist. Die Flügel lähmend, in Abständen kurz aufflatternd, versucht sie uns von ihren Jungen abzulenken. Wir müssen höllisch aufpassen, daß wir das Junge nicht zertreten. Kaum sichtbar duckt es sich im üppigen Pflanzenpolster und verschmilzt mit der Umgebung. Die großen Läufe sind im Vergleich zum Körper stark ausgeprägt. Es rennt mit so hoher Geschwindigkeit über die bucklige Vegetation, daß wir es kaum verfolgen können. Verlieren wir das Kleine aus den Augen, ist es schwer wiederzufinden. Wir entdecken viele dieser jungen Beringstrandläufer. Im August haben sie die Größe der Eltern erreicht. Das Jugendkleid ist auf der Bauchseite und am Kopf deutlich gestrichelt. Fleißig suchen sie im Meerkohlschlick nach Nahrung. Der Meerkohl ist von gleicher Farbe wie ihr Federkleid. Während der Strandwanderung fliegen sie immer wieder kurz vor uns auf. In Zeitlupenbewegung kommt man dicht an die Beringstrandläufer heran, die dann wenig Scheu zeigen. Im Sommer sind sie erst spät abends am Strand anzutreffen. Sie bevorzugen breite Strände, wo die See viel Tang anspült. Auch die Flußmündungen bilden für sie ideale Plätze. Bis weit in die Nacht höre ich ihre Kontaktrufe. Der Polarfuchs versucht mehrmals vergebens, an die Vögel heranzukommen. Ganz dicht vor ihm fliegen sie auf. Er kann es nicht lassen und treibt eine kleine Gruppe solange vor sich her, bis sie einen großen Halbkreis über das Meer ziehen und im weiten Abstand hinter ihm wieder Platz nehmen.

Eine andere, häufig auf der Insel brütende Limikole ist der Mongolenregenpfeifer. Mir ist es bis heute nicht gelungen, sein Nest ausfindig zu machen. Es befindet sich oben, auf den steinigen Bergkuppen. Wie oft sah ich ihn kurz vor mir auffliegen. Ich verbrachte viel Zeit damit, ein Gelege zu suchen. Es mußte doch in der Nähe sein. Ergebnislos brach ich die Suche ab. Der Mongolenregenpfeifer ist ein Zugvogel, der Anfang Mai eintrifft. In dieser Zeit beobachte ich ihn sehr häufig in Strandnähe. Die Berge liegen noch im Schnee. Im nördlichen Teil der Insel sehe ich ihn gemeinsam mit dem Alpenstrandläufer im sandigen Fluß- und im Meeresschlick, wo sie eifrig pickern.

Balance auf einem Bein.
Balancing on one leg.

Diese Insel liegt dreizehn Kilometer westlich vom Ort Nikolskoje entfernt. Steil ragt sie aus dem Meer heraus. Bei gutem Wetter sind die schroffen Felsen vom Ort aus sichtbar. Mit dem Baidarka fahren Juri und Sergej, Mitglieder der Jagd- und Fischereigenossenschaft, mit ihren Frauen und uns im September zu der Insel. Zuerst kommen wir an der südlichen Seite von Toporkow vorbei. Die Überfahrt geht zügig voran. Der langstreifige Tang verfängt sich im Motor und blockiert ihn. Der Schaden wird schnell behoben. Aber die Gefahr, mit der Schraube in vorbeischwimmende Tangfelder zu geraten, bleibt bestehen. Über uns fliegen die ganze Zeit Gelbschopflunde hinweg. Ihre roten Füße schauen aus dem schwarzen Gefieder deutlich heraus. Nach einer Stunde sind wir am Ziel. An den Felswänden anzulegen ist keine einfache Sache. Wir finden einen günstigen treppenartigen Absatz. Die Haut des Baidarka besteht aus einer gummierten Zeltleinwand und darf die scharfkantigen Gesteine nicht streifen. Trotz relativ ruhiger See laufen die Wellenberge zwei Meter an den glitschigen, mit Meerkohl und Blasentang behangenen Felsen auf. Von der Höhe eines Wellenberges gilt es im richtigen Moment abzuspringen. Juri und seine Frau bleiben die ganze Zeit im Boot, während wir die Insel erklettern. Die Aufzucht der Jungvögel ist jetzt, Mitte September, abgeschlossen. Nur vereinzelt sehen wir da und dort noch eine kleine Lumme, die es kaum schaffen wird, über den Winter zu kommen. Die Felsen sehen verhältnismäßig leer aus. Hunderte junge Meerscharben ruhen auf den mit Grasbüscheln überzogenen Gesteinswänden. Neugierig und ängstlich, mit zuckenden Halsbewegungen, schauen sie uns Kletterern nach. In einer Felsspalte sitzen die Hornlunde, die unserem europäischen Papageientaucher an der Nordatlantikküste sehr ähnlich sind. Sie treten auf den Kommandeurinseln nur vereinzelt, etwas abseits der großen Vogelkolonien, auf. Meist sitzen vier bis sechs Stück dieser schönen Alken zusammen. Im südwestlichen Teil der Beringinsel zählte ich an einer Stelle zwanzig Hornlunde, was jedoch eine Ausnahme ist. Steller schreibt:

Ipatka (so heißen sie auf russisch) *siehet einer Ente ähnlich, der es auch an Größe beykommt. Soweit sie ausser dem Wasser im schwimmen hervorraget, ist sie ganz schwarz, das übrige ist weiß. Das merkwürdigste daran ist; daß sie einen Zinnoberrothen großen und breiten Schnabel, wie ein Papagon, hat. Sie ist übrigens wenig von dem grönländischen See – Parrot unterschieden, den man um Schottland, Norwegen und besonders Kola fänget. Das Fleisch von ihr ist sehr hart, die Eyer sehr schmackhaft und als Hünereyer anzusehen. Sie nistet auf den Klippen in Löchern und Höhlen, so sie sich selbsten machet und mit Gras austopfet. Sie beißen sehr stark,*

Junge Lumme (Uria).
Young Murre.

wenn man sie haschen will. Ihre Schnäbel werden an Fäden oder Riemen gebunden und mit gefärbten Bündlein Seehundshaaren vermengt. Diese Riemen, so die Schamaninnen vormals verfertiget, wurden jedem um den Hals gehangen, und wie das Kreuz nunmehro auf der bloßen Brust als glückbringende Schnüre getragen, und nimmt man ihnen solche öfters beym Auskleiden vor der Taufe ab.

Hornlund (Fratercula corniculata) am Felsen.
Horned puffin on a rock.

Sehr viele Jungvögel der Dreizehenmöwen sitzen auf ihren Nestern, obwohl sie schon fliegen können. Sie lassen sich von ihren Eltern gern noch füttern. Hinter dem Auge sowie am Nacken setzt sich fast schwarz, einem Kragen gleich, das Gefieder ab. Der Schnabel ist dunkel und das Schwanzende schwarz umsäumt. Bei der jungen Klippenmöwe bleibt das Schwanzende weiß, was nur beim Auffliegen deutlich zu sehen ist.

Vor zwei Jahren war ich während der Brutzeit auf diesem Eiland. Tausende Lummen mit ihren lauten „arrr, arrr"-Rufen überstimmten die Meeresbrandung. Der Inselname „Ari Kamen" rührt von den Stimmen der Lummen her. Das Wort Kamen heißt: Stein. Die grünlich kalkigen und sehr länglichen Eier liegen ohne Nistmaterial nackt auf den Steinen. Da das Ei sehr zugespitzt ist, rollt es um die eigene Achse, was die Gefahr mindert, vom schmalen Felsgesims zu stürzen. Trotzdem liegt ein großer Teil der Eier zerschlagen am Boden und ist dort eine willkommene Nahrung für die sehr aggressive Beringmöwe. Den seltenen Rotschnabelalk sah ich auf dem oberen Felsgestein.

Die Beringmeerscharben und die Rotgesichtige Meerscharben brüten hier. Vereinzelt sehe ich die Klippenmöwe. Die Dreizehenmöwe bevölkert nach den Lummen die meisten der Felswände. Die Dickschnabellumme ist gegenüber der Trottellumme (auch Dünnschnabellumme genannt) weitaus häufiger anzutreffen. Leider bleibt uns auf dieser Insel wenig Zeit. Da das Wetter oft umschlägt, steht die Sicherheit, gut zurückzukommen, im Vordergrund. Mir waren nicht mehr als zwei Stunden Aufenthalt vergönnt. Schade.

Zurück ins Jahr 1994. Nach nicht ungefährlichen Kletterpartien laufen wir in westliche Richtung. Hier erhebt sich das Felsmassiv zu einem großen Podest. Pfützen verbreiten einen üblen Gestank. Vogelkot, vermischt mit anderen Substanzen, in Regen und Meerwasser aufgelöst, ergeben eine grüne Masse. Die ganze Zeit umschwirren uns Tausende Fliegen und werden unser Boot bis in den Ort zurückverfolgen. Viele Vogelskelette liegen auf dem nassen Boden. Wir sammeln sie für das Tierkundemuseum auf. Langsam ziehen Abendwolken über uns ein. Sergej gibt Zeichen zum Aufbruch, und wir begeben uns Richtung Boot. Auf den Klippen sitzen beide Meerscharbenarten zusammen. Das herrliche Rot am Schnabel und im Gesicht aus der Balzzeit ist schon längst verblaßt. Die schwarze Doppelhaube liegt an, und das Ruhekleid deutet auf den hereinbrechenden Herbst hin. Ich mache noch ein Foto, was mehr dokumentarischen Wert trägt, denn die Lichtverhältnisse reichen nicht mehr aus. Wir steigen in das Boot. In der Zwischenzeit hat Juri Meeresfische geangelt. Im russischen heißen sie *Terpug*. Dazu braucht man ordentliche Fleischköder. Die Fische ähneln unseren Barschen und sind in kräftigen Farben gemustert. Vor der Insel lassen wir uns treiben und essen ausführlich Abendbrot, mit Lachs, Kartoffeln, Knoblauch und Brot. Wodka beendet den Ausflug. Fast im Dunkeln kommen wir im Ort an. Das Boot wird auf weichen Plastebojen in die Scheune geschoben, so daß die empfindliche Haut nicht verletzt wird. In der Scheune lodert der Kanonenofen, und der heiße Tee und Kekse beleben unseren Körper. Auf dem Heimweg, spät in der Nacht, leuchtet fleckenhaft der Sternenhimmel über uns.

Von anderen Vögeln

Jedes Jahr konnte ich in der Lisinskaja-Bucht drei bis fünf *Sterntaucher* beobachten. Ich nehme an, daß sie hier brüten. In der Luft und auf den Seen sah ich sie häufig. Ihre lauten und eindringlichen Töne, das quäkende „kwak", ist weit zu hören. Sie halten sich in Küstennähe auf und wechseln zwischen Meer und den Seen der umliegenden Buchten.

Die *Krickente* beobachtete ich mehrmals und sah sie mit Jungen in der Osjornaja-Bucht. Eine sehr scheue Ente, die Ende April hier eintrifft. Meist sehe ich sie paarweise. Sie bevorzugt Seen, deren Uferzonen mit Schilfgräsern bewachsen sind.

Das Gleiche gilt für die *Stockente*, die hier ein beliebtes Jagdobjekt darstellt. In der zweiten Maiwoche, Jagdsaison, brachten mir Jäger drei Stockenten mit, die am späten Abend noch zubereitet wurden. Meine Hütte sah dementsprechend aus. Trotz emsigen Kehrens hatte ich die nächsten Tage noch einen Teil der gerupften Federn im Zimmer. Zwei große Mahlzeiten, eine in der Nacht, als der Braten fertig wurde, und eine zum späten Frühstück am nächsten Morgen füllten unsere Mägen. Natürlich sind die wenigen, scheuen Stockenten hier kein Vergleich zu unseren zahmen Vertretern, die in großer Zahl anzutreffen sind.

Einen seltenen Greifvogel sahen wir im südöstlichen Teil der Medny-Insel. Zwei Paar *Wanderfalken* brüten dort auf den Felsen. Einen Jungvogel beobachten wir, wie er auf einer bewachsenen Felsspitze ansitzt. Er läßt uns sehr nahe herankommen, ohne aufzufliegen. Mehrere Fotos löse ich mit meiner

Petschorapieper
(Anthus gustavi)
Pechora pipit

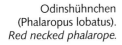

Odinshühnchen
(Phalaropus lobatus).
Red necked phalarope.

Kamera aus, bevor er leicht davonsegelt, auf die nächste Spitze. Einmal sah ich ihn in der Peredowaja-Bucht in der Nähe meiner Hütte fliegen. Am Anfang war ich etwas verwundert und erstaunt, einen dunklen Eissturmvogel zu treffen. Nach genauerem Hinschauen erkenne ich die gebänderte Federstruktur des Wanderfalken.

Verschiedene Limikolen konnte ich beobachten. Für kurze Zeit sehe ich den *Dunkelwasserläufer* in der Poludennaja-Bucht, wo er sich im September mit seinen roten, langen Beinen und dem dunklen, fast schwarzen Federkleid zeigt. Am Gawanskoje-See pickert am schlammigen Ufer der *Grünschenkel* gemeinsam mit dem *Alpenstrandläufer* nach Insekten. Im Herbst laufen an der nordwestlichen Seite der Küste fünf *Baird-Strandläufer* auf dem Sand entlang, die als besondere und seltene Gäste anzusehen sind. Das Meckern der *Bekassine* weit über mir kann ich deutlich hören. Im Inneren der Insel treffe ich sie in breiten Talniederungen an. Den *Rotkehlstrandläufer*, ein ebenfalls seltener Gast, sehe ich nur zweimal. Den so oft in der Literatur aufgeführten *Langzehenstrandläufer* konnte ich auf den Inseln kein einziges Mal beobachten, aber dafür auf Kamtschatka. Sicherlich rasten oder überwintern auch andere Limikolen auf den Kommandeurinseln, die aber keine regelmäßigen Gäste sind.

Im Norden der Insel, in den Hunderten kleinen Wasserlachen und Seen, finden wir häufig das *Odinshühnchen*, eine Art der Wassertreter. Ständig ziehen sie Kreise und picken nach Wasserinsekten. Mitte Mai treffen sie ein. Leider ziehen jedes Jahr die Kuhherden über ihre Brutgebiete, was eine starke Beunruhigung und Zerstörung der Gelege mit sich bringt. Oft sehe ich sie paarweise in vielen der kleinen Gewässer. Leider konnte ich bis jetzt nie ihre Brut verfolgen, weil ich mich in dieser Zeit in einem anderen Teil der Insel aufhielt. Kam ich Ende August, Anfang September zurück, waren sie in den Süden gezogen.

Junger Wanderfalke (Falco peregrinus) auf Medny.
Young peregrine falcon at Medny.

Die *Schafstelze* beobachtete ich mehrmals im Inneren der Buchten. Sie ist hier bei weitem nicht so häufig wie in Kamtschatka, und es bedarf großer Aufmerksamkeit, diese Vögel zu Gesicht zu bekommen. Sie bevorzugen die reiche Vegetation in den breiten Flußtälern.

Die *Kamtschatkastelze* unterscheidet sich von unserer einheimischen Art durch ihre schwarze Augenbinde. Häufig sehe ich sie in der Nähe von Flußmündungen an der offenen, steinigen Küste. Den Süden der Insel, wo sich die Seevogelkolonien befinden, bewohnt sie nicht. Diesen Vogel habe ich schon im April angetroffen.

In den letzten Jahren hat sich der *Feldsperling* in der menschlichen Siedlung breitgemacht. Häufig sehe ich ihn vor den Wohnhäusern und am Müll, der hier überall verstreut in und um die Ortschaft herumliegt. Es mögen etwa zwanzig bis dreißig Feldsperlinge sein, die sicherlich von Kamtschatka herstammen und das ganze Jahr über zu beobachten sind.

In der Bucht Bujan sah ich einen *Rotkehlpieper* auf dem vom Schnee freigetauten Berghang. Es war Mitte Mai. Ich kann mir gut vorstellen, ihn hier als seltenen Brutvogel anzutreffen. Als Irrgäste aus Kamtschatka suchen noch mehr Singvögel die Inseln auf. So sah ich Anfang Juni 1992 im Tal der Podutjosnaja im Weidenstrauchgestrüpp einen *Karmingimpel.*

Von den Pflanzen Georg Wilhelm Steller hat während seines zehnmonatigen Aufenthalts 211 Pflanzenarten bestimmt. Russische Botaniker kommen heute auf über fünfhundert Arten. Neben den wenigen amerikanischen Pflanzen überwiegt die ostsibirische und asiatische Flora.

Die Kommandeurinseln weisen viele eigene Biotope auf. Die Buchten bilden mit ihren schroffen Felswänden, die zum Kap aufsteigen, natürliche Barrieren. Die verschieden breiten Flußtäler begünstigen unterschiedliche Pflanzenarten. Dadurch ergibt sich eine vielfältige Vegetation. Zu unserer europäischen Hochgebirgswelt mit ihren alpinen Mattenpflanzen ist viel Ähnliches und Vergleichbares zu finden. Die Inseln sind von einer baumlosen Tundralandschaft überzogen. Die höchsten Sträucher, die uns bis zur Brust reichen, sind die Weiden (*Salicaceae*) in den breiten Flußtälern. Die meisten der dreizehn bestimmten Weidenarten wachsen jedoch sehr niedrig. Auf den Bergrücken kriechen sie ganz flach den Boden entlang und bilden starke Wurzeln. Die Weiden in den geschützten Tälern blühen Ende Mai. Die Netzweiden (*Salix reticulata*) beobachten wir in ihrer Blüte noch Anfang Juli. Die Blätter sind klein und rundlich, aber ihre Blüten verhältnismäßig groß, um Insekten anzulocken. Ähnlich verhält es sich mit den vielen Steinbrecharten (*Saxifragaceae*), deren Blätter während der Blütezeit kaum zu sehen sind. Ein herrlicher bunter Teppich breitet sich im Juli über die Bergkuppen. Von weitem sehen sie kahl aus. Je näher wir kommen, um so mehr Pflanzenarten sehen wir zwischen dem Schotter wachsen.

Im Juni ist die Landschaft von Anemonen (*Anemona villosissimum*) übersät. Ebenso üppig sehen wir in dieser Zeit den Goldenen Rhododendron (*Rhododendron aureum*). Die hier sehr niedrig wachsenden Pflanzen, die kaum bis an das Knie reichen, legen ihren leuchtenden Blüten aus. Die immergrüne Pflanze trägt auch im Winter unter dem Schnee Blätter, natürlich nicht mit derselben Frische wie im Sommer. Der Kamtschatka-Rhododendron (*Rhododendron camtschaticum*) blüht erst im August. Sein intensives Rot strahlt schon von weitem aus dem Grün heraus. Zu dieser Zeit und in geschützten Tälern auch einen Monat früher sehen wir die blau blühende Iris (*Iris setosa*). In den feuchten Niederungen tritt sie in großer Zahl auf. Die zehn vorkommenden Arten von Orchideen (*Orchidaceae*) stehen ebenfalls an feuchten, geschützen Stellen. Arnika (*Arnica latifolia*), Strandblauglöckchen (*Mertensia simplicissima*) und Veilchenarten (*Violacea*) erweitern den farbigen Teppich.

Erstaunlich, was zu dieser Zeit alles wächst. Die allgemeine Meinung von Pflanzenarmut und öder Landschaft finde ich nicht bestätigt – ganz im Gegenteil. Wir finden sogar eßbare Pflanzen. Es sind nicht viele Arten, aber wir nehmen sie jeden Tag zu uns. Zwei Pflanzen, die unserer Petersilie in Geschmack und Form ähnlich sind, geben unseren Mahlzeiten die nötigen Vitamine. Mitte August kommen die Pilze herausgeschossen. In dem niedrigen Pflanzenbewuchs und wegen ihrer Größe sehen wir sie schon von weitem mit dem Fernglas. Schnell sind die Rucksäcke gefüllt und unser Mägen am Abend nicht weniger. Blau-(*Vaccinium minus*), Rausch- (*V.uliginosum*) und Preiselbeeren (*V. vitis*) gibt es wenig, aber an einigen Stellen finden wir sie Anfang September doch reichlicher, vor allem dort, wo sich die Täler von den Buchten aus weit in das Land hineinziehen. Die Moltebeere (*Rubus chamaemorus*) wächst auch nur an bestimmten Stellen der Insel und wird von der einheimischen Bevölkerung zu Konfitüre und Marmelade verarbeitet. August und September ist Sammelzeit. Das ganze Dorf sammelt bei jedem Wetter alles Eßbare auf, um mit den wenigen Vitaminen über den Winter zu kommen. Vom Festland kann man in dieser Zeit nichts mehr erwarten. Die wenigen Obstwaren aus Kamtschatka sind nicht nur teuer, sondern auch in einem schlechten Zustand, und es ist eine Zumutung, sie den Leuten hier anzubieten. Die Beeren der Eberesche (*Sorbus samucifolia*), die hier bis in Kniehöhe wächst, sind willkommene Früchte, aus denen Wein gegoren wird. In Kamtschatka und auch auf der Halbinsel Kola lernte ich sie vom Strauch essen.

Im Frühjahr erscheinen die ersten Blattspitzen des Schilfgrases. Der Schachtelhalm (*Equisetaceae*) schaut oft schon aus der Schneedecke hervor. Der eingerollte Farn (*Athyricaceae*) braucht noch einige Zeit, sich zu entfalten. Sicherlich gibt es auch hier eine eßbare Art, wie auf Kamtschatka. Leider kann uns keiner im Dorf nähere Auskunft geben, bis auf die, daß früher Aleuten Farne gegessen haben. Im Sommer wächst der Bärenklau (*Heracleum lanatum*) so hoch, daß er uns bis zum Kopf reicht. In dieser Zeit läuft es sich besonders schwer. In August sehen wir das Wollgras (*Eleocharis palustris*) blühen. Häufig finden wir es auf feuchten Bergplateaus, auf denen

Wollgras (Eriophorum polystachyon)
Wool grass.

Wasserlachen stehen. In der Lisinskaja-Bucht wächst der rundblättrige Sonnentau (*Drosera rotundifolia*). Ich konnte ihn nur in dieser Bucht sehen, wo er sehr zahlreich auftritt. Gemeinsam mit den Moosen, die ihn umgeben, bildet er einen Schwamm, der alle Feuchtigkeit aufsaugt.

Eine noch seltenere Pflanze gedeiht im Tal am Tolstoi-Kap: der Frauenschuh (*Cypripedium calceolus*). Steller sah sie schon 1742. Viele Pflanzen stufte er in die europäische Flora ein, die heute als eigene asiatische Arten benannt werden.

Frauenschuh Cypripe-dium yatabeanum).
Lady slipper

Nicht zu vergessen sind die vielen Flechten (*Ascomyceten*), die hier an jedem Felsen zu finden sind. Sie verleihen den Steinen intensive gelbe, ockerige bis zu orangenen Tönen und mögen die ältesten Pflanzen auf der Insel sein.

Eine weitere seltene Pflanze sahen wir in einer einzelnen Wasserpfütze stehen, die gerade einzutrocknen drohte – das Brachsenkraut (*Isoetes maritima*). Es bildet zusammen mit dem Tannenwedel (*Hippuridaceae*), den wir überall in flachen Gewässern der Insel antrafen, einen Biotop. Bergheide (*Phyllodoce caeruea*), Cassiope (*Cassiope lycopodioides*) und Krähenbeeren (*Empetrum nigrum*) überziehen die Berge. Auf dem Pflanzenpolster läuft es sich leicht, wenn nicht die vielen Vertiefungen wären. Die nachwachsenden Pflanzen bedecken die abgestorbenen. Sie ergeben mit ihnen zusammen ein dichtes Geflecht, das in der Tundra unzählige Buckel bildet. Von weitem sehen die Berge wie gedrillte Felder aus, deren Rillen mit steigender Höhe flacher werden. In den Vertiefungen bildet sich torfhaltiges Material. Zum Glück wird dies wirtschaftlich nicht genutzt.

Im Herbst färbt sich die Landschaft rötlich. Kurz bevor die Stürme anfangen, beginnt die Tundra zu glühen. Zum letztenmal zeigt sie ihre farbige Pracht. Der lange Winter legt sich über die Inseln bis weit in den Mai. Die Frühjahrssonnenstrahlen erwärmen zuerst die östliche Seite der Insel. Im westlichen Teil liegt das Wachstum der Vegetation oft um einen Monat zurück. Auch wir sehen auf der Westseite im September alte Schneereste.

Für uns ist es Zeit, Abschied zu nehmen. Ein letzter Bummel, vom nicht fliegenden Flugzeug laufen wir unverhofft zurück nach Nikolskoje. Am Ufer sehen wir noch einmal Bekannte. Kanadische Wissenschaftlerinnen verbringen drei Monate auf dieser Insel. Wir werden für den Abend eingeladen. Gespräche, Projekte und Phantasien treiben uns von Europa über Asien nach Amerika. Vor Jahren undenkbar – heute Wirklichkeit. Die Welt wird klein und ist durch Medien zu überschauen, aber nie wird sie die Geheimnisse der Natur restlos freilegen. Uns bleiben Bilder und Erinnerungen.

Die Kommandeurinseln liegen zwischen der **Die geographische Beschaffenheit der**
Beringsee und dem Pazifik, zwischen dem 54. **Kommandeurinseln**
und 55. Breitengrad und dem 165. und 168. Län-
gengrad. Der bekannte Poet und Naturwissenschaftler Adelbert von
Chamisso beschreibt es so:

*Das Gebirge scheint sich von den amerikanischen Continent aus über die
Halbinsel Alaska und die Kette der Inseln gegen Asien zu senken. Die Inseln
werden gegen Westen geringeren Umfanges und seltener ausgestreut,
und die letzte der selben, die Beringinsel, neigt sich in sanften Flächen
gegen die kamtschatkische Küste hin.*

Der Leutnant der Romanzoffschen Expedition Kotzebue schildert:

*… um 9 Uhr Morgens, sahen wir die Beringinsel; dieses hohe, felsige, mit
Schnee bedeckte Land, gewährte einen äußerst unfreundlichen Anblick,
und erinnert mich lebhaft an unseren berühmten aber unglücklichen Seefahrer Beering, welcher hier sein Grab fand. Wir segelten in einer kleinen
Entfernung vom Lande, längs den südlichen Theil der Insel und dublivten
nachher die nördliche Spitze derselben. An der SW-Seite befindet sich eine
kleine felsige Insel, die bis jetzt noch auf keiner Karte angegeben ist.*

Nach dieser Beschreibung müßte es die Insel Ari Kamen sein. Der Weltum-
segler Nordenskjöld, der 1878 / 79 die Nordost-Passage fuhr, stellt es so dar:

*Es ist die westlichste und Kamtschatka am nächsten belegene Insel in der
langen, auf vulkanischem Wege gebildete Inselkette, die zwischen 51° und
56° nördl. Br. das Beringmeer im Süden begrenzt. Mit der nahe belegenen
Kupferinsel und einigen umliegenden Eilanden und Klippen bildet sie eine
eigene, von den eigentlichen Aleutischen Inseln getrennte Inselgruppe, die
nach dem Rang des hier umgekommenen großen Seefahrers die Commo-
dore oder Kommandirski-Inseln benannt worden sind.*

In Stellers Beschreibung der Beringinsel lese ich:

*Was das Seeufer dieser Insel anbelangt, so ist dasselbe dergestalt wunder-
lich beschaffen, daß man ohne Verdacht sagen mag, wir seien durch ein
Wunderwerk von Gott an diesem Lande erhalten und vom gänzlichen
Untergang gerettet worden. Obgleich die Länge des Eilandes 23 holländi-
sche Meilen beträgt (die Nord-Süd-Ausdehnung liegt bei fünfundneunzig
Kilometern), so findet sich dennoch auf der ganzen nördlichen Seite kein
einziger Ort, der nur einigermaßen einen Hafen, auch für ein kleines Fahrzeug, abgeben könnte. Das Ufer ist auch zwei bis drei, ja einigen Orten vier
bis fünf Werste in die See mit lauter rauhen Klippen und Felsen besetzt, daß
man nach abgelaufenen Wasser mit der Ebbe trockenen Fußes auf so viel
Werste gehen kann, die nachmals von der Flut bedeckt werden, und die*

In der Lisinskaja. *Wellen gehen bei abfallendem Wasser dergestalt hoch und mit solchem*
In Lisinskaya. *Geräusch auf diese Klippen, daß wir es oft nicht ohne Entsetzen vom Lande*
ansehen konnten… Die See wird von dem vielen Anstoßen so schaumig,
daß sie wie Milch aussieht.

Die breiteste Ausdehnung im Norden der Beringinsel beträgt vierzig Kilometer und die schmalste Stelle im Süden, in der Bobrowaja-Bucht, fünf Kilometer. Die Insel umfaßt 1160 Quadratkilometer und erhebt sich im mittle-
ren Bereich 751 Meter über den Meeresspiegel – der Steller-Berg ist somit
die höchste Erhebung der Insel. Auf der Insel Medny ragt der 640 Meter
hohe Stejneger-Berg am weitesten gen Himmel. Diese Insel streckt sich drei-
undfünfzig Kilometer lang und ist schmaler und zerrissener als die Beringinsel. Beide Inseln sind vulkanischen Ursprungs. Sie bestehen aus Riolit,
Dolerit, Basalt, Andesit und verschiedenen Konglomeraten von Tuffen.
Dazwischen lassen sich gut erhaltene pflanzliche und tierische Einschlüsse
finden. Auf Medny sahen wir versteinerte Holzkohle, deren Maserung gut
ablesbar ist. Die Basaltrücken der Berge bestehen aus lockerem Gestein.

Was die auf Beringseiland herrschende Witterung anbetrifft, so ist dieselbe wenig von der auf Kamtschatka unterschieden. Nur allein die Sturmwinde sind viel heftiger und empfindlicher, weil das Land unmittelbar ohne Schutz in der See liegt, dabei sehr schmal und ohne Waldung ist. Überdem so verdoppelt der Wind, wenn er durch die tiefen und engen Täler streicht, dergestalt seine Kräfte, daß man sich mit genauer Not auf den Füßen erhalten kann, und verursacht daneben ein entsetzliches Sausen und Brüllen, welches um soviel fürchterlicher ist, je heftiger sich ohnehin die See auf den Klippen des Ufers bricht und die Luft mit Rauschen erfüllt.

So schrieb es Steller in seinen Aufzeichnungen nieder. Das Wetter zeigt sich in vielseitiger Form. Wind und Sturm treiben die Wolken auseinander oder schieben sie zu Bänken zusammen. Dadurch ergeben sich eine Unmenge schöner und verschiedener Lichtverhältnisse, die mein Malerherz höher schlagen lassen. Aus dieser Situation heraus malte ich auf kleinem Papier Meerbilder, die ich wie ein Tagebuch führte. An die zweihundert Stück fertigte ich 1992 an. Im Sommer kommt der kalte Meernebel auf die Inseln herüber, und die Täler verschwinden darin. Die Bergkuppen liegen frei. Ein anderes Mal hält die erwärmte Insel die Wolken fest, so daß sie wie eine Kappe darauf gestülpt sind. Oder ein gleichmäßiger Nebelschleier überzieht das Eiland, und ständiger Nieselregen kommt auf uns zu. Das ist der häufigste Zustand. Hier sagt man lakonisch „*eto Kommandor*" – typisches Kommandeurwetter. Die durchschnittlichen Temperaturen liegen im Juni um fünf und im Juli um neun Grad Celsius, im August zwischen zehn und elf Grad. Bei Steller steht:

Von der Mitte des Mai Monats bis Mitte Juni hatten wir meistenteils trübes Wetter und Regen, die beste Witterung war von da ab bis gegen die Mitte des Juli. Ungeachtet nun in dieser Zeit eine ziemliche Hitze herrscht, so ist dennoch gegen Abend und die Nacht über so kalt, daß man einen warmen Pelz wohl vertragen kann.

Im Winter liegen die durchschnittlichen Temperaturen im Dezember bei minus zwei Grad Celsius und im Januar bei minus vier Grad Celsius. Das ist auch der Grund, warum viele Entenarten an der eisfreien Küste überwintern und Nahrung finden. Die jährliche Niederschlagsmenge soll bei fünfhundert Millimetern liegen. Der größte See der Beringinsel befindet sich im Norden. Er ist zweiundzwanzig Meter tief und füllt eine Fläche von sechzig Quadratkilometern. Um den Sarannoje-See zieht sich im Süden eine Felskette, die *Swinyje-Gory* (auf deutsch: Schweineberge). Im Norden bilden sie ein erhöhtes Bergplateau, das die ganzen Küste entlangreicht. Hier, im nördlichen Teil der Beringinsel, gibt es mehrere Seen. Dagegen werden im

Einer, der vielen Wasser-
fälle an der Westküste
der Beringinsel.
*One of the many water-
falls on the westcoast.*

Süden der ansteigenden Insel die Seen kleiner und seltener und die Täler schmaler. Steller schreibt über den Wasserreichtum:

Unter den Bächen dieser Insel sind sehr viele, die von hohen Klippen und Bergen mit großem Geräusch herunterstürzen und schöne Aussichten bieten (…) Alles Wasser, sowohl der Innseen als Bäche ist wegen des steinigen Grundes und der schnellen Bewegung ungemein kalt, rein, leicht und deshalb sehr gesund, wie wir sämtlich die guten Wirkungen davon an unseren kranken und ausgemergelten Körpern mit großem Nutzen und Vergnügen gespürt.

Auch wir genossen das herrliche Naß. Später, am Ende unseres Aufenthaltes auf dem Eiland, erfuhren wir, daß das Wasser immer in abgekochtem Zustand getrunken werden soll. Die von Kamtschatka mitgebrachten Haustiere schleppten Krankheitserreger ein, die auf die Wildtiere übertragen wurden. So befinden sich im Kot der Polarfüchse und Polarrötelmäuse Eier, die durch Ausscheiden in die Bäche gelangen. Sobald sie im menschlichen Körper eintreffen, bilden sich aus den Eiern wurmartige Gebilde, die sich in Leber oder Gehirn festsetzen. Eine Krankheit, die sich nicht rechtzeitig äußert… Wir hoffen, Glück zu haben, toi, toi, toi…

Post aus der Heimat
Collage
*A letter from home
collage*

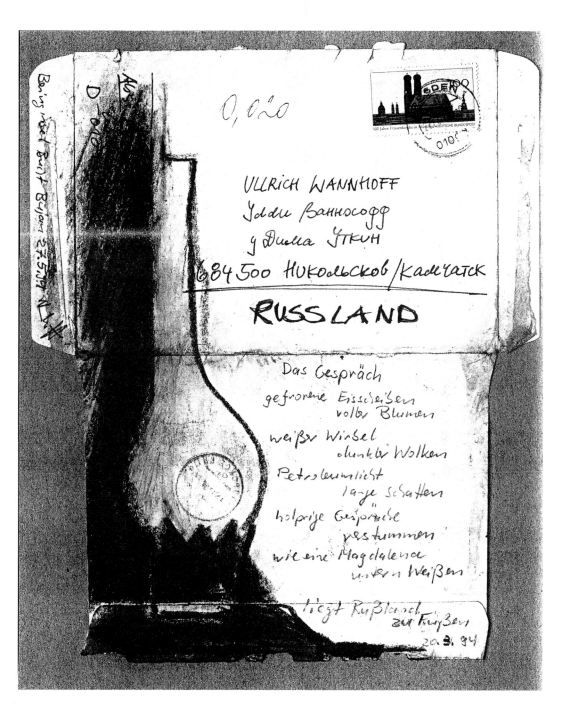

ULLRICH WANNHOFF
Улли Ваннгофф
у Дима Уткин
684500 НИКОЛЬСКОВ / КАМЧАТСК

RUSSLAND

Das Gespräch

gefrorene Eisscheiben
          voller Blumen

weißer Winkel
          dunkler Wolken

Petroleumlicht
          lange Schatten

holprige Gespräche
          gestummen

wie eine Magdalena
          unterm Weißen

liegt Rußland
          zur Weißen
20. 3. 94

Die Felswände im Süden
der Beringinsel verändern
durch Erdbeben immer
wieder ihre Gestalt.
*In the south of Bering
Island Earthquakes cause
constant changes to rock
formations.*

Sonniger Wintertag.
Sunny winterday.

Polarfuchs (Alopex lagopus) im Winterpelz, genannt Blaufuchs.
Arctic fox in wintercoat know as blue fox.

Seenebel zieht in die
Peredowaja.
*Fog travels from the sea
to the Peredowaya.*

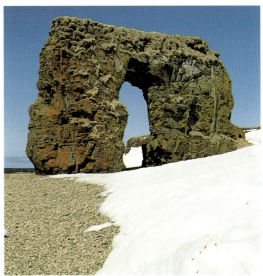

Der Stellerbogen
Steller's arch.

Morbides Hafengelände.
Morbid wharf area.

Totentanz
Dance macabre.

Abgestochener Seebär.
(Callorhinus ursinus)
Harvested fur seal.

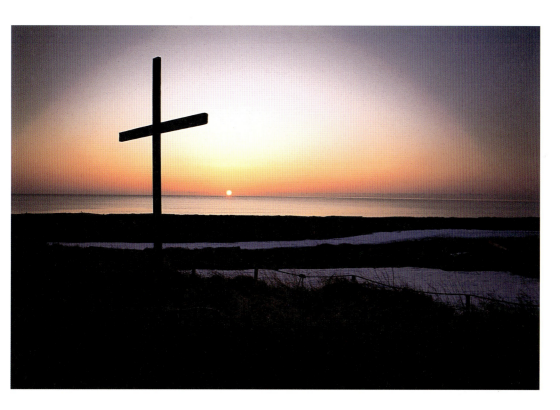

Morgenstimmung am
Grab von Vitus Bering.
*Morning at the grave of
Vitus Bering.*

Wetterwechsel.
Weather changes.

Kopulierende ▷
Klippenmöwen.
(Rissa brevirostris)
*Copulating Red legged
Kittiwake.*

Porträt einer Rot-
gesichtigen Meerscharbe
(Phalacrocorax urile).
*Portrait of a red faced
cormorant.*

Junge Beringmöwe
(Larus glaucescens)
Anfang September.
*A young glaucous winged
gull at the beginning of
september.*

Taubenteisten
(Cepphus columba)
in der Paarungszeit.
*Pidgeon Guillemont
during mating season.*

Alpenschneehuhn
(Lagopus mutus)
im Winterkleid.
*Rock ptarmigan
in winter coat.*

Die Klippenmöwen
(Rissa brevirostris) bauen
ihre ersten Nester schon
auf den Eisterrassen.
*The red legged kittiwake
build their nests already
on ice plateux's.*

103

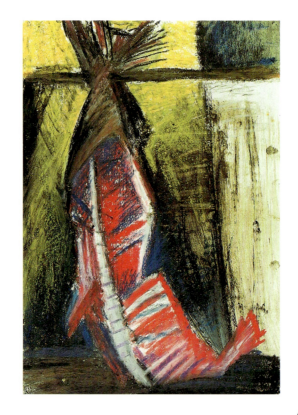

Aufgehangener Lachs
Pastell und Seehundfett
*Hung Salmon. Pastel and
fur seal fat.*

Karen Törmer

In russischer Gesellschaft

Wäschestange im Sturm
Laundry poles in a storm.

Zu unser aller Erstaunen fügte es sich, daß man gegen 9 Uhr Land sah. Wie groß und ausnehmend die Freude bei allen über diesen Anblick gewesen, ist nicht zu beschreiben. Die Halbtoten krochen hervor, um solches zu sehen, und jederman dankte Gott herzlich für diese große Gnade…

So schrieb der Forschungsreisende Georg Wilhelm Steller am 5. November 1741 in die „Tagesregister seiner kamtschatkischen Reise" beim Anblick der Insel. Später erhielt sie den Namen des dänischen Kapitän-Kommandeurs im Dienst des russischen Zaren Vitus Bering. Beide strandeten mit dem Paketboot „St. Peter" auf der Großen Nordischen Expedition an der Küste der Beringinsel. Während sich der überwiegende Teil der Mannschaft auf Kamtschatka wähnte, was wohl mehr ihrem Wunschtraum entsprang, erkannte Steller die Zeichen der Natur:

Er fragte mich (der Kapitän)*, was ich von diesem Lande hielte? – Ich erwiederte: mir komme es nicht wie Kamtschatka vor; da allein die Menge und zahme Sicherheit der Thiere klar zu verstehen gäben, daß es ein wenig oder gar nicht bewohntes Land seyn müsse; dennoch aber könne es nicht weit von Kamtschatka seyn, da die beobachteten Erdgewächse in eben der Zahl, Ordnung und Größe hier befindlich wären wie in Kamtschatka (…) Überdies so hätte ich einen Fensterladen mit Querleisten von Pappelbaumholz gefunden, den vor einigen Jahren das hohe Wasser an den Ort gebracht (…) und erinnerte dabey, daß dieses unstreitig russische Arbeit und vermuthlich von den Ambaren sey, die an der Mündung des Kamtschatkaflusses erbaut stunden (…) ein Stück von einer Fuchsfalle, so ich den ersten Tag am Ufer gefunden, woran die Zähne, statt des Eisens mit sogenannten Entalien waren, von deren Gegenwart auf Kamtschatka ich keine Nachricht erhalten und wovon also zu vermuthen war, daß die See obiges Wahrzeichen von Amerika hergespület haben mußte…*

Bering überlebte die Landung nur um einen Monat, Steller trat nach neunmonatigem Aufenthalt auf der Insel mit einem selbstgebauten Schiff und dem Rest der Mannschaft den Rückweg an.

Die Schwierigkeiten, an den östlichen Rand Asiens zu gelangen, sind heute anderer Art als damals vor 250 Jahren.

105

Sarannoje – eine der
ersten Ansiedlungen auf
der Beringinsel.
*Sarannoye – one of the
first settlements on
Bering Island.*

Dabei war es für mich mit Hilfe eines Reisebüros einfach gewesen, ein Visum zu bekommen und die Flüge bis Petropawlowsk zu organisieren. Dort wurde ich von Ullis mir bis dahin unbekannten Freunden abgeholt, identifiziert und herzlich begrüßt. Immer wieder warten sie geduldig stundenlang, oft auch vergeblich, um Freunde oder Verwandte vom Flugzeug abzuholen. Da es aus unerfindlichen Gründen keine Informationen gibt, gehen alle Wartenden, wenn sie eine Maschine sehen oder hören, einfach zum Zaun des Landeplatzes und suchen unter den ankommenden Passagieren ihre Gäste. Bei der Organisation des Fluges zur Beringinsel ist mir Sascha ebenfalls behilflich. Es gibt zwar einen Plan, der zweimal pro Woche einen Flug nach Nikolskoje vorsieht, aber der ist ziemlich unverbindlich. Oft wird er durch Nebel, Alkohol, Benzin-, Material- oder Passagiermangel verhindert. Das bedeutet, daß frau/man zu jedem möglichen Flugtermin samt Gepäck und Abschiedszeremonie zum Flugplatz fährt, dort stundenlang wartet und oft unverrichteter Dinge wieder heimkehrt. Ich habe großes Glück. Nach nur zwei vergeblichen Versuchen auf dem Petropawlowsker Flughafen erreiche ich mein Ziel bei normalen Wetterverhältnissen – Nebel. Die Maschine war allen Regeln zum Trotz geflogen und landete mitten in der Tundra, fünf Kilometer vom Dörfchen entfernt, auf einem befestigten Platz – dem Flughafen.

Auf der damals unbewohnten Insel leben heute circa 1000 Menschen im einzigen Dorf Nikolskoje. Hauptsächlich Russen aus allen Teilen des Landes, kaum noch Aleuten, die seit 1825, unterstützt durch die Russisch-Amerikanische Kompanie, die Beringinsel besiedelten.

Die russische Mentalität hat viele Gesichter. Eines ist die sprichwörtliche Gastfreundschaft, ein anderes die „Männergesellschaft", in der, als Folge der „Gleichberechtigung" im Sozialismus, die Frauen in nahezu allen Berufen arbeiten und die Familie zu Hause versorgen, während ein Teil der Männer vorwiegend trinkt. Trotz dieser Rollenverteilung werden Frauen kaum geachtet, in Begleitung eines Mannes oft weder begrüßt noch angesprochen.

Das Angebot im Lebensmittelladen.
Supplies at the foodshop.

Nikolskoje besteht aus einem alten Kern von Holzhäusern mit Garten und einem neueren Teil, der in den siebziger Jahren gebaut wurde. Der Häusertyp entspricht zwar nicht den klimatischen Anforderungen (die Haustüren öffnen sich nach außen, so daß bei Schneefall immer der erste durchs Fenster ins Freie muß), wurde aber im ganzen Land gebaut. Von hier aus unternehmen wir unsere Expeditionen.

Zwischendurch sind wir immer wieder für ein paar Tage im Dorf, um Lebensmittel – *Produkty* – zu kaufen und zu hören, was als nächstes möglich ist. Wir haben zwei gute Freunde im Dorf, abgesehen von vielen Bekannten. Interessiert und lebendig, wie Dima und Sergej sind, wissen sie immer über alle geplanten Aktivitäten Bescheid. Die drei Kettenfahrzeuge im Dorf gehören der Jagdgenossenschaft, wo Sergej arbeitet, der Naturschutzbehörde, dort ist Dima beschäftigt, und der Firma Aglach. Außerdem hat die Armee noch Fahrzeuge. Einer im Dorf hat einen Jeep, die anderen holpern mit Motorrädern durch die Landschaft, in der es nur wenige Kilometer Straße gibt. Die Transportmöglichkeiten sind sehr beschränkt, aber für uns gut verteilt. Auf offiziellem Weg etwas zu erreichen ist mühsam und kostspielig. Alle Ausländer werden als reich eingestuft, was in gewisser Weise, im Vergleich zu den Einheimischen, auch stimmt. Aber die geforderten Preise entsprechen nicht der Einkommensstruktur und den Dienstleistungen und oft auch nicht dem Zahlungsvermögen der Ausländer. Damit zerstören sich die Russen jeden Ansatz eines „sanften Tourismus", der der Region sehr hilfreich wäre und sicher auf viele auch motivierend wirken würde, um Eigeninitiative zur Verbesserung ihrer Lage zu entwickeln.

Überall begegnet uns Lethargie. Alle warten auf Lösungen von außen, von Moskau oder vom Ausland. *VERANTWORTUNG ÜBERNEHMEN* ist ein Fremdwort, *ENTSCHEIDUNGEN TREFFEN* oft ebenfalls – und wenn nicht, dann herrscht oft Willkür. Viele berauschen sich an ihrem kleinen oder großen Stückchen *MACHT*. Ich fühle mich in tiefste Sozialismus-Zeiten in der DDR zurückversetzt, wo sich VerkäuferInnen durch ihre KundInnen gestört fühlten.

Viele Bewohner Nikolskojes versuchen, nach Petropawlowsk umzusiedeln, oder wollen sogar in ihre ursprüngliche Heimat, nach Südrußland, in die Ukraine oder andere Teile der ehemaligen Sowjetunion, zurück. Einige Wohnungen stehen schon leer. Vor viele Häuser sind braune Container gesetzt worden, die ihr Hab und Gut per Schiff aufs Festland bringen sollen. In erster Linie ist dies eine finanzielle Frage. Wir haben durch diese Umstände eine Wohnung zur Verfügung, in der wir unsere Sachen lassen können und Raum und Ruhe zum Arbeiten haben. Da sich die Tür nur „symbolisch" verschließen läßt, wobei jedoch immer ein dicker Spalt zwischen Tür und Rahmen offen bleibt, bringen wir unsere Fotoausrüstungen und Finanzen zu Sergej. Dort ist jetzt, zur Ferienzeit, fast immer jemand in der Wohnung. Als wir am nächsten Tag in seiner Küche sitzen und Tee trinken, stellt er fest, daß etwas fehlt. Sein Fotoapparat und seine Blaufuchs-*Schapka* sind verschwunden. Erschrocken sehen wir nach unseren Sachen. Ullis belichtete Filme liegen völlig durcheinander – der Dieb hat die Tasche gebraucht, in der sie sich befanden. Unsere Fotoausrüstung ließ er unbeachtet. Das ganze Geld steckt dazwischen – toi toi toi – es ist noch da. (Den bargeldlosen Verkehr kennt man hier leider nicht. Es zählen nur Rubel und Dollarnoten, manchmal auch nur das eine oder das andere.) Eine Insel hat ihre eigenen Gesetze. Sergej ruft den Inselfunk an. Dieser macht eine Durchsage im Radio, die Sergejs Verhandlungsbereitschaft signalisiert. Daraufhin treffen sich Opfer und Täter. Sergej kann sein Eigentum für 40 000 Rubel (circa 40 DM) und zwei Flaschen Wodka wieder abholen.

Fische – Grundlage der Existenz auf der Insel

Getrocknete Lachse.
Tusche
*Dried Salmon.
black ink*

Fische sind bei vielen Völkern ein Symbol der Fruchtbarkeit und ein Symbol des Todes, auf der Beringinsel sind sie Grundlage der Existenz. Für die Jagdgenossenschaft ein Wirtschaftsfaktor, für die Aleuten und viele Russen Hauptnahrungsmittel und Vitaminquelle.

Vor allem pazifische Lachse bevölkern die Flüsse von Mai bis September, aber auch der Wandersaibling ist fast das ganze Jahr hier zu beobachten. Die größte *Rybalka* – das heißt Fischerstation – der Beringinsel ist am Sarannoje-See. Es ist die älteste der Insel. Hölzerne Kreuze in der Tundra und alte Fundamente sind Zeugen einer früheren Siedlung.

Der See, im Norden der Insel gelegen, ist durch einen kurzen Fluß mit dem Beringmeer verbunden. Er ist ihr größter Binnensee und erhielt seinen Namen nach einer Blume: Die Saranka (*Fritillaria camtschatkensis*) ist eine hier weit verbreitete violettschwarze Lilie. Mit ihren gelben Staubbeuteln wirkt sie feierlich und erinnert an eine schwarze Tulpe. Früher wurde die Knolle der Saranka von den Aleuten verzehrt, um unter anderem Skorbut vorzubeugen. Auch heute wäre sie eine angenehme Bereicherung der wenigen Lebensmittel auf der Insel. Aber die meisten Bewohner wissen höchstens noch, „daß man sie essen kann."

Als wir Mitte Juni an den See kommen, sind die Knospen der Lilie noch geschlossen. Die Sonne geht kurz vor Mitternacht unter, und das Abendrot scheint direkt ins Morgenrot überzuleiten. Um fünf Uhr morgens ist es bereits wieder hell. Die Fischsaison hat begonnen. Wir sind mit einem Kettenfahrzeug der Jagdgenossenschaft mitgenommen wurden.
Tagebuch, 14. Juni, Sarannoje
… Es ist sehr stürmisch hier und läuft sich schlecht über den Tundraboden, der riesige Wellen hat – abgestorbene Pflanzen, auf denen wieder neue

Auf den abgestorbenen
Pflanzen wachsen die
neuen.
*New growth on old with-
ered plant.*

*wachsen. Wo die Hügel flacher sind, ist er weich und federnd. Am großen
See heute war es wie am Meer. Ich sah im Nebel das andere Ufer nicht,
große Wellen. Zurück trieb mich der Wind, gegen den ich mich legen
konnte.*

Am See stehen verschiedene Hütten. Ein Holzhaus beherbergt die Küche
und eine Halle zum Einsalzen der Fische. In einem anderen wurde früher geräuchert. Jetzt wird das aus Personalmangel nur noch in Nikolskoje getan,
und der Fang muß täglich fünfundzwanzig Kilometer weit transportiert
werden. Das bedeutet eine große Belastung für Natur und Genossenschaft.
Auf dem empfindlichen Tundraboden entstehen immer neue Spuren und
Narben, die über Jahrzehnte sichtbar bleiben. Und die Genossenschaft
verfährt knappes Benzin, das es nur über Kontingent aus Jelisowo auf
Kamtschatka gibt. Dort ist der zentrale Sitz des *GOSPROMCHOS,* wie die
Genossenschaften heißen. Das Wort setzt sich aus *GOSudarstwo* – Staat,
PROMysl – Gewerbe und *CHOSjaistwo-Betrieb* zusammen.

Andere kleine Hütten gehören Familien, die eine Lizenz zum Fischen haben
oder deren Männer in der Jagdgenossenschaft arbeiten.

Den Anfang des Fischzuges macht Mitte Mai der *Nerka.* Er zieht durch
Flüsse, die Seen entspringen, in denen er dann laicht. Im Deutschen heißt er
Blaurücken-Lachs, ist im Meer jedoch graugrün. Im Süßwasser färbt sich
sein Körper rot. Der Kopf, der seine graugrüne Farbe behält, läßt das Rot des
Körpers um so intensiver leuchten. Und dabei schmückt sich der Nerka

Ein Aleut legt das
Netz aus.
An Aleut puts out the net.

110

nicht nur wie andere Lebewesen zur Paarung, er bleibt rot beim Laichen beziehungsweise Samen, um anschließend im Prachtgewand zu sterben. Wie viele andere Lachsarten auch, kommt er in die Flüsse seiner Geburt zurück, legt dort ein einziges Mal seine Eier ab und beginnt anschließend, von der Schwanzflosse ausgehend, langsam zu verfaulen. Die Bewegungen werden träger. Der Fluß spült tausende tote Lachse ans Ufer und ins Meer zurück. Die Sinnesorgane scheinen ebenfalls in einem frühen Stadium abzusterben. Vielleicht, um den Fischen die Qual des Siechens zu erleichtern. Wir sahen einige noch Lebende, denen die Augen bereits herausgefallen waren.

Als wir ankommen, rudern die Männer als erstes auf den kleinen, dem Sarannoje vorgelagerten See hinaus und spannen ein Netz quer. Auf die Art hat kein einziger den Fluß aufsteigender Lachs eine Chance, den großen See zum Ablaichen zu erreichen. Mit der Flut kommen die Fischschwärme. Nach einigen Stunden wird das Netz voller zappelnder, springender Fische ans Ufer gezogen. Mit ungeheurer Kraft schnellen die Fische hin und her. Einzelne können den Netzrand überspringen, die anderen ersticken im seichten Wasser.

Alte Fotos dokumentieren, wie früher mit Holzreusen gefischt wurde. Zwischen im Wasser steckende Holzstäbe wurden kleine Äste geflochten, die sich von den Fischen in einer Richtung durchschwimmen ließen, den Rückweg aber, auch durch den Druck der Strömung, versperrten.

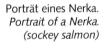

Porträt eines Nerka.
Portrait of a Nerka.
(sockey salmon)

111

Die Fischer sind Wind
und Wetter ausgesetzt.
*Fisherman work in the
wind and weather.*

Die Lachseier werden
durch das Sieb gerieben,
um sie von den Schleim-
häuten zu lösen.
*Salmon eggs are rubbed
through a sieve to seper-
ate them from their skin.*

Gleich an Ort und Stelle werden die Lachse verarbeitet. Die Fischer stehen bei Wind und Wetter an Holztischen im Wasser, vor sich kastenähnliche Netze. Manchmal konnten wir sie durch Regen und Nebel kaum erkennen. Manchmal ist es aber auch ein Fest der Farben, wenn sie in ihren orangenen, wasserdichten Anzügen im dunkelblauen See stehen, dazu kontrastierend das blutige Rot auf den silberschimmernden Fischleibern.

Mit einem scharfen Messer schneiden sie die Lachse der Länge nach auf. Die von einer dünnen Schleimhaut zusammengehaltenen Eierstöcke landen in einem Bottich. Später reibt sie einer der Männer über ein Sieb, um sie voneinander zu lösen. Anschließend liegen sie für einige Minuten im Salzwasser. Die Dauer dieses Bades entscheidet über die Haltbarkeit des Kaviar. Was gleich verzehrt werden soll, wird nur sieben oder acht Minuten gesalzen, um den restlichen Schleim zu entfernen, und anschließend gleich abgespült. Dieser Kaviar ist am schmackhaftesten.

Von Ende Mai bis in den Juni zieht der Nerka (Oncorhynchus nerka) in den Sarannoje See.
From the end of May until mid June Nerka (Sockey salmon) migrate to Lake Sarannoye.

Die anderen Innereien werden an die Möwen verfüttert, die schon flügelschlagend und lärmend auf ihren Anteil warten.

Mit weißen und inzwischen blutigen Handschuhen an den Händen streifen die Fischer die Mittelgräte heraus, an der noch reichlich Fleisch hängt. Sie wird ebenfalls den Möwen zugeworfen, die sie geschickt im Flug auffangen. Das Fleisch klatscht in den Netzkasten.

Mittags gibt es Fischsuppe und gebratene Lachsfilets mit Reis oder Fischklopse und dazu Wodka, weil gerade mal wieder einer Geburtstag hat, oder aus irgendeinem anderen Grund. Trotz Inflation und nahezu unerschwinglichen Lebensmittelpreisen wird immer noch viel getrunken und immer irgendwie Wodka aufgetrieben. Viele Gespräche und fast alle Späße drehen sich ums Thema Alkohol. Dabei wird oft mehr Kultur entwickelt als sonst üblich. Selbst in der Landschaft, wo Tee, aus Mangel an Tassen, einfach aus alten Blechbüchsen getrunken wird, haben die meisten für den Wodka ein kleines schönes Glas dabei. Als wir einmal auf einem Angelausflug im Boot eine Flasche auspackten, war die Freude anfangs groß. Dann konnten unsere Freunde kaum glauben, daß wir kein Glas dabeihatten, und wollten schon entsagen…

Nahezu die ganze Fischsaison hindurch werden in Sarannoje Netze ausgeworfen. Ist das Soll des *GOSPROMCHOS* erfüllt, kommen die Familien, die eine Lizenz haben, um sich ihre Wintervorräte zu sichern. Ein großer Teil der Lachse erreicht den Ort seiner Geburt nicht wieder, um dort seine Eier abzulegen.

Was hier existentielle Gründe hat, wird im ganzen Beringmeer gewissenlos und im großen Maßstab von Japanern, Amerikanern und Russen betrieben.

Zum Räuchern
vorbereitete Lachse.
*Salmon ready for
smoking.*

Der Weg in den Süden Sämtliche Transporte sind in Rußland äußerst schwierig zu organisieren. Wir wollten uns für einige Wochen am Kap Tolstoi aufhalten, das auf deutsch dickes Kap heißt. Wir hatten Glück, ein Kettenfahrzeug der Armee fuhr in diese Richtung und nahm uns und unsere Lebensmittel mit. Nach circa dreißig Kilometern Fahrt am Ufer entlang und mehreren Reparaturen unterwegs bleibt es endgültig am Kap Bujan liegen. Die vier Soldaten und zwei Offiziere stehen drumherum und warten. Ab und zu versucht einer, auf Befehl eines Offiziers, zu starten oder blättert auch mal einer in der Gebrauchsanweisung des *Wesdechod*. Als nichts Entscheidendes passiert, warten alle eine weitere Stunde und kochen anschließend Tee, nachdem sie umständlich einen Kocher in

Studie einer jungen Möwe. Graphit
Study of a young Kitti-wake. Pencil

Betrieb genommen haben. *Budjet budjet* (es wird schon werden) und *moschet bytch* (vielleicht) sind dabei die gesprächsbestimmenden Worte. Nachdem sich das Fahrzeug immer noch nicht selber repariert hat, laufen die Soldaten los, zur fünfzehn Kilometer entfernten Hütte.

Wir stehen da mit drei Rucksäcken, einem Eimer, einer Kiste und einer Tasche voll Lebensmitteln, einer Rolle Zeichenpapier und einem großen Fisch.

Am nahegelegenen Fluß machen wir erstmal Feuer und fangen Lachse. Unser Abendessen besteht aus Fischsuppe, gebratenem Fisch mit Petruschka und Kaviar.

26. Juni

Früh ist schon Sturm und Nieselregen. Trotzdem sitzen wir erst noch am Feuer und frühstücken, sammeln Holz und richten uns langsam ein – eine Kabelrolle als Tisch, einige Seekuhrippen liegen im Sand, Ulli fängt einen jungen Fuchs.

Heute oder morgen wird sicherlich Viktor Nikulin oder die Armee vorbeikommen und uns weiterhelfen.

Der Regen treibt uns wieder ins Fahrzeug. Als das Wetter langsam zum Unwetter wird und die Flut ungewöhnlich hoch steigt, fallen uns zu spät unsere Töpfe am Fluß ein. Auf der bereits auf den Wellen schaukelnden Kabelrolle erwische ich noch einen. Unter Meerestang begraben und von den Wellen überspült, liegt unser Beil. Ein Topfdeckel, den ich mit einem Stein beschwert hatte, ist das letzte Relikt am Ufer. Wochen später finden wir an derselben Stelle unter Steinen und Tang unsere lederne Messerscheide. Wir haben inzwischen, von den Aleuten inspiriert, aus Borke eine neue genäht. Ein völlig verbeulter Topf wird etliche Kilometer weiter, in einer anderen Bucht, ans Ufer gespült.

Glück im Unglück – nach zwei Tagen kommt der Verantwortliche vom Naturschutz mit einem Kettenfahrzeug vorbei. Aus unerfindlichen Gründen hält er in dieser menschenleeren Gegend jedoch nicht – unberechenbare Mentalität. Als dann später das dritte auf der Insel befindliche Kettenfahrzeug kommt, um „unseres" zu reparieren, haben wir Gelegenheit, weiter nach Süden zu gelangen.

Im Süden der Insel zieht, ab Mitte Juli, vor allem der *Gorbuscha* die Flüsse hinauf. Der Buckellachs ist kurzlebiger und kleiner als der Nerka.

Seine Haut spielt zwischen grün und orange, und seinen Rücken und Schwanz schmücken dunkle Punkte. Während der Nerka sich rot färbt, wächst dem männlichen Gorbuscha ein Buckel, der, je höher er den Fluß zieht, durch die Gegenströmung immer größer wird. Zur Hochzeit ist er am buckligsten. Wie alle Lachse hat er am Maul den sogenannten Laichhaken. Damit massiert er den kleineren und schlankeren weiblichen Fischen den Bauch, um sie zum Ablegen der Eier anzuregen. Das passiert vorzugsweise an ruhigen Flußstellen mit geringer Strömung. Dort verharren beide, sich lange umkreisend.

Wenn die Weibchen mit Haken oder Netz gefangen werden, laichen sie oft aus Angst und Überlebensreflex ab.

Das Fleisch des Gorbuscha ist heller als das „lachsrote" des Nerka und fettiger. Es gilt bei den Einheimischen als minderwertig. Uns hat es gut geschmeckt. Der Gorbuscha wird vor allem wegen seines Kaviars gefischt. Seine Eier sind relativ groß. Oft liegen Tausende tote Buckellachse am Ufer, die zwei bis drei Kilogramm schwer werden, und denen lediglich die Eier entnommen wurden. Ein ungeheurer Raubbau an der Natur, der bei der Lebensmittelknappheit kaum vorstellbar ist. Die russischen Gebaren, mit der Fülle der Natur umzugehen, haben leider auch die Aleuten übernommen. Sie verkaufen den Kaviar für wenig Geld nach Petropawlowsk – vielleicht ihre einzige Einnahmequelle.

Milch, Herz und Leber, ebenfalls eßbar und wohlschmeckend, werden heute nicht mehr genutzt.

Kommen die Lachse vom Meer an die Flußmündungen, legen sie zunächst eine Pause ein, um sich zu sammeln. Die ersten Schwärme erkennt man im Meer, wenn einzelne Fische kraftvoll hochschnellen. Wenn die Flut das Wasser ans Ufer treibt und damit die Gegenströmung an der Flußmündung geringer wird, ziehen Tausende Lachse Rücken an Rücken die Flüsse hoch. Selbst in Flußmündungen, die nur eine Distanz von zehn Metern zwischen Wasserfall und Meer haben, sahen wir Lachse.

Auch hier hinterläßt die moderne Industriegesellschaft ihre Spuren. Ein Teil der in Amerika abgeholzten Wälder landet als Schwemmholz an den Ufern der Beringinsel und verbarrikadiert zusammen mit anderem Zivilisations-

Geräucherter Fischrest.
Smoked salmon.

müll, wie Netzen, Bojen, Tonnen und Plastartikel, die Flußmündungen. Früher verrotteten die aus Naturmaterial gefertigten Netze und Seile. Heute verstricken sie äußerst haltbar die angeschwemmten Abfälle der Gesellschaft, die für die Lachse eine zum Teil unüberwindbare Barriere bilden. Innerhalb von Stunden wäre es der Naturschutzbehörde möglich, die Fluß-mündungen freizulegen. Eigentlich…

Es schien uns zunächst einfach, mit einem am Strand gefundenen Netz den Fluß an einer seichten Stelle abzusperren und so den vielen ziehenden Lachsen den Weg abzuschneiden. Dabei hatten wir jedoch bei weitem die Strömung unterschätzt. Das Netz mit Steinen beschweren, an zwei Seiten halten beziehungsweise festspannen, den wartenden Schwarm reinjagen und anschließend zuziehen – das ließ sich schwer koordinieren. Meist riß sich das Netz von allen Steinen los und trieb auf der Wasseroberfläche, während sich die Fische am Rand versteckten oder greifbar nah vorbei-schwammen.

Nach wenigen Versuchen verlegen wir uns aufs Angeln. Nachdem wir die Technik, im richtigen Augenblick an der Schnur zu rucken, raushatten, war es nicht mehr schwierig. Was sich so nüchtern hinschreibt, ist für mich sehr aufregend gewesen.

Ohne „Ruck" ignorieren die Lachse den Blinker völlig. Schwarm für Schwarm zieht vorüber, satt vom Meer. Im Fluß dient der Beißtrieb des Gorbuschas nur noch dem Schutz der Brut. Als sie bei Ulli trotzdem relativ häufig anbeißen und die Lachse ganz sicher nicht „frauenfeindlich" sind, ändere ich die Technologie (den mit einem Stein beschwerten Angelhaken weit reinwerfen und immer wieder kurz und kräftig ziehen) und habe nach kurzer Zeit mehr Erfolg.

Um ehrlich zu sein, muß ich schreiben, daß die wenigsten Lachse mit dem Blinker im Maul an der Schnur zappeln. Sehr viel öfter rutscht der Haken in die Rückenflosse oder ins Fleisch. Mit heftigen Bewegungen können sich einige wieder befreien. Ich beglückwünsche sie innerlich. Ins Tagebuch schreibe ich:

… das ist wie Achterbahn fahren, wenn einer dran ist – aufregend – erregend – auch ein schlechtes Gewissen und Schmerz… Lust und Schmerz; war kein Fisch an der Angel, war ich regelrecht erleichtert. War einer dran, fielen mir immer die Worte von Christina Feldmann ein: May all beings live in peace…

Die anderen ziehe ich ans Ufer und betäube sie mit einem Schlag auf den Kopf. Oft sitzen die Reflexe noch in den Nerven. Immer wieder zucken die Fische, einige noch, als sie schon ausgenommen sind. Milch oder Kaviar, Leber und Herz heben wir für das Abendessen auf, den Kopf kriegen die Möwen, Blut und Schleimhäute landen im Fluß. Später werden die Fische geräuchert oder gesalzen und getrocknet oder nur getrocknet.

Wie es ist, an der Angel zu hängen, bekommt Ulli am eigenen Leib zu spüren. Als er den Haken aus dem Fisch entfernen will, schnellt dieser hoch, und der Stahl rutscht in Ullis vom Wasser aufgeweichten Daumen. Durch den Widerhaken ist es nicht möglich, ihn rauszuziehen. Eine Zange gibt es in der Hütte nicht. Der Versuch, mit Meißel und Beil den Haken zu teilen, um ihn durchziehen zu können, scheitert am gehärteten Stahl, der zuviel Spannung hat. Ich kann Ulli lediglich mit schmerzlindernden Mitteln helfen. Dann schneidet er sich mit dem Skalpell (zum Präparieren der Vögel) den Daumen auf. Für einige Zeit hat er nun einen Spaltdaumen und ist von den nassen Arbeiten, wie Wäschewaschen und Fischesäubern, befreit. Alles verheilt gut.

Ich nehme die Fische am Bach neben der Hütte aus und bereite sie zu. Dabei fällt mir die schöne Struktur der Haut auf. Nachdem ich sie gesäubert habe, spanne ich sie auf eine Pappe. Durch den Schleim, der als Fischleim wirkt, zieht die Haut sofort und für immer an.

Im feuchten Zustand war sie weich, silbergrau und schnell zerreißbar. Jetzt trocknet sie transparent auf die Pappe auf.

28. Juli

Am Abend bin ich völlig geschafft. Die Fische töten, Ullis Blut, das Fischblut und der viele Fischschleim…

Aber ich will das auch tun – es gibt keine heile Welt ohne Töten. Ich würde kaputtgehen in einer heilen Welt.

Ich töte die Fische, um zu essen, ich bin Teil der Natur, der Nahrungskette, Raubtier.

Auch diesen Schmerz will ich erleben, zu töten.

29. Juli

Lange geschlafen, viele Träume.

Nachmittags in die Kislaja-Bucht, um Salz zu holen, und zurück.

Der Schleim von gestern sitzt immer noch in meinen Empfindungen.

Die Landschaft hier ist anders als auf Medny, sanftere Hügel, die am Ufer oft neunzig Grad abbrechen – Blöcke, hüfthoher Bärenklau.

Am Ufer nach dem letzten Sturm sehr viel Meerkohl, der das Gehen erschwert – glibberige stinkende Masse.

30. Juli

Spaziergang über die Berge, es ist Hochsommer, viele Blumen blühen – Wiesen voller Iris, Orchideen, auch Frauenschuh, Margeriten, Rhododendron.

Auf den Bergkuppen liegen viele Rentiergeweihe, an der unteren Gabel wird der Knochen breit, das sieht wunderbar aus.

Drei Schneeulen sitzen als weiße Flecken in der Landschaft, ohne sich stören zu lassen. Die Peredowaja ist voller Buckellachse, die den Fluß hochziehen.

Beim Filetschneiden fiel mir ein, die Lachshaut zu spannen. Ich habe einen Rahmen aus Leisten gebaut und die Haut reingenäht. Sie trocknet sehr schnell und wird ganz transparent.

Früher nähte eine Bevölkerungsgruppe im Südosten Sibiriens, auf Sachalin, einen Teil ihrer Kleidung aus Fischhäuten. Mit einem speziellen Rezept gelang es ihnen, die Häute weich zu machen. Die so behandelten Häute fassen sich wie Papier an und sind silbergrau.

Sonnendurchleuchtete Fischhaut.
The sun shines through the fish skin.

Meine hingegen sind spröde, aber biegsam und lassen das Licht durch-
scheinen. Als ich sie unserem Freund Dima Utkin in Nikolskoje zeige, erklärt
er mir ein mögliches Rezept:
– 30 Gramm Salz + 20–25 Milliliter 70%ige Säure
  + 1 Liter Wasser mischen
– die Haut mit Wasser anfeuchten
– 2–3 mal mit der Lösung einstreichen
– 2–3 Stunden ziehen lassen
– Kernseife und Bauchspeck (Verhältnis 30%:70%) kochen
– die Haut mit dem Sud einstreichen
– wieder 2–3 Stunden ziehen lassen
– abwischen
Danach ist die Haut weich, aber sicher geht auch die Leuchtkraft der Farben
verloren. Ich habe Dimas Rezeptur noch nicht ausprobiert.
Er ist einer der wenigen auf der Insel, die sich mit der Geschichte, Tradition
und Bräuchen ihrer Wahlheimat beschäftigen.
Von der einsamen Hütte am Kap Tolstoi aus unternehmen wir unsere Wan-
derungen. Eine führt uns in Richtung Nordwesten zur Kommandeurbucht.
Auf dem Weg am Ufer des Beringmeers entlang, treffen wir in der Kislaja-
Bucht plötzlich auf Menschen. (Die Kislaja genannte Bucht heißt eigentlich
Kislaja Kapusta – Sauerkohl, wohl wegen dem vielen Meerkohl, den das
Meer dort hinspült.) Neugierig gehen wir auf die Gestalten am Ufer zu.
Durch die schwierigen Transportbedingungen kommen, außer den Jägern
im Winter, nur Wissenschaftler oder Leute vom Naturschutz in diesen Teil
der Insel. Diesmal sind es Aleuten, auf die wir treffen. Sofort werden wir
herzlich in die nahegelegene Hütte eingeladen. Dort gibt es Tee und Fladen
aus Wasser, Salz und Mehl, dazu Marmelade aus einheimischen Beeren
und eingelegte Pilze vom vergangenen Jahr – ein Festessen. Vor allem die
Marmelade esse ich mit Hochgenuß. Sie ersetzt das seit langem vermißte
Obst und Gemüse.
Eigentlich ist dieser Teil der Insel Nationalpark. Die zwei aleutischen Familien
erzählen, daß sie auf Grund der Lebensmittelknappheit dieses Jahr Lizenzen
für den Lachsfang kaufen konnten. Auch an anderen Flüssen im südlichen
Teil seien Aleuten. Zwei Tonnen wollen sie für jede Familie fischen. Dazu nutzen sie ihren Urlaub. Sie genießen diesen kurzen Ausflug in ihr ureigenstes
Land, das sie nur im knappen Umkreis um Nikolskoje kennen.
Sie sind angenehme Gastgeber, sehr freundlich und zurückhaltend. Von
dem wenigen, was sie haben, tischen sie reichlich auf. Die ganze Familie ist
mitgekommen. Großmutter und Enkel halten das Feuer warm, bereiten

Landschaft auf Medny.
Tusche
*Landscape at Medny.
black ink*

das Essen und halten auch schon mal nach den ersten Pilzen Ausschau. Die anderen gehen fischen. Auf dem Weg am Ufer suchen sie nach brauchbarem Strandgut: Flaschen mit und ohne Füllung (ein Rest Ketchup wird selbstverständlich genutzt, im Meer bleibt alles lange frisch), Plastschachteln, große aufgeblasene Gummibojen. (Die Kinder nehmen sie als Hüpfball. Aufgeschnitten sind sie zum Wasserholen unentbehrlich.) In einigen Buchten findet man Halbedelsteine, wie zum Beispiel Achat, Jaschmar und Opal, und verkieselte Knochen der ausgestorbenen Stellerschen Seekuh. Einmal fanden wir sogar eine Flaschenpost. Ein Blatt Papier mit einer Zeichnung und englischen Worten war darin. Unser Freund Sergej hatte sie nach Alaska schicken wollen, aber die Strömung trieb sie wieder ans hiesige Ufer. Wir übergaben sie der Post, die hoffentlich williger ist als das Meer. Später lernen wir die Adressatin persönlich kennen, sie kreuzte den Postweg und besucht Sergej auf der Beringinsel.

Robben auf Medny Mit einem kleinen Lastkahn haben wir die seltene Gelegenheit, zur Medny-Insel zu kommen.

Am übernächsten Tag soll es losgehen. Wir rechnen damit, vier Wochen zu bleiben. Dann ist die Saison für das Seebärenschlachten, und es wird für kurze Zeit ein Schiff zwischen Medny- und Beringinsel hin- und herpendeln. Auf der Medny-Insel gibt es kaum Fische. Die Flüsse sind zu steil für die Lachse.

Die Insel ist schmal und lang. Die schroffen Felsen ragen fast senkrecht aus dem Meer, runden sich weiter oben weich und sind von hügeliger Tundra überzogen. Die Flüsse stürzen, bis auf wenige im Norden, als Wasserfall ins Meer.

Wir kaufen in den drei Lebensmittelgeschäften Nikolskojes, deren Angebot sich kaum unterscheidet: 4 kg Mehl, 4 kg Zucker, 8 kg Reis, 4 kg Kekse, 2 kg russisches Konfekt, 10 Büchsen gezuckerte Kondensmilch, 10 Büchsen Tomatenmark, 6 Büchsen Fett, 6 Büchsen Fleisch, das auch zum größten Teil aus Fett besteht, 4 Büchsen Gemüse (für besondere Anlässe), 2 Büchsen Fisch, 500 g Speck, 400 g Knoblauch, eine Büchse wahnsinnig teuren Honig, 2 Flaschen Wein und 2 Flaschen Wodka und 8 Brote, die wir zum größten Teil trocknen.

Von zu Hause haben wir 2 Salami, getrocknete Aprikosen, Brühwürfel und 4 Müsliriegel im Rucksack.

Unsere Freunde schenken uns noch wertvolle Kartoffeln.

Das ganze kostet 174 000 Rubel, was zum Zeitpunkt des Kaufs ungefähr 174 DM entspricht. Mit zusätzlichen Lebensmitteln auf der Insel können wir nicht rechnen.

Diese Vorbereitungen sind relativ schnell erledigt. Als schwieriger erweist es sich, die Genehmigung für den Besuch der Medny-Insel vom Militär zu kriegen. Wir sind der Willkür der blutjungen Offiziere ausgeliefert. Während es bei einer früheren Reise keine Schwierigkeiten gab, meinen die Vertreter der russischen Armee diesmal, wenn im Visum *NIKOLSKOJE* steht, darf man den Ort nicht verlassen. Wir hätten *KOMMANDEURINSELN* angeben müssen, was in Dresden kein Problem gewesen wäre. So schnell geben wir die wunderbare Möglichkeit, auf die Medny-Insel zu kommen, aber nicht auf. Unsere einzige Chance: vor der Militärstation sitzenbleiben und reden – warten – reden… Ein Offizier, den Ulli im letzten Jahr auf der Medny-Insel getroffen hat, wird langsam weich. Er redet mit dem Diensthabenden, dann rufen beide in Petropawlowsk an. Dort sind wir jedoch leider auch nicht angemeldet, um unsere Freunde nicht in Schwierigkeiten zu bringen. Aus diesem Grund sollen wir 18.30 Uhr erstmal zur Miliz gehen und uns die Aufenthaltsgenehmigung abstempeln lassen. Bisher erklärte uns der Milizionär, dafür sei Petropawlowsk zuständig, und verweigerte den Stempel.

Nach einer Viertelstunde Wartezeit kommt der erste Polizist, später auch der zuständige Natschalnik, den wir schon kennen.

Er ist freundlich und gemütlich und wird nach zweiunddreißig Dienstjahren in Kürze die Insel verlassen. Während er redet und redet und immer wieder dieselben Fragen stellt, schreibt er umständlich eine Notiz in unsere Visa. Dann haucht er den Stempel mehrmals an, wobei er sich immer wieder selbst in seinem Redeschwall unterbricht. Endlich holt er aus – und… nichts. Er öffnet den Safe, quetscht auf dem Stempelkissen herum und haucht den Stempel wieder an. Diesmal klappt es – er stempelt – mitten auf das zuvor Geschriebene, was dadurch unlesbar wird.

Dann fährt er uns zum Militär. Unterwegs zeigt er stolz eine Bierbüchse. Jetzt wird unsere Fahrt nach Medny ohne weitere Schwierigkeiten genehmigt. Der Lastkahn soll zwei Offiziere und zwei Soldaten dorthin bringen. Der Rest des Tages und die Nacht gehen mit Packen und Abschiedsbesuchen drauf.

3.30 Uhr, fast noch in der Nacht, soll das Schiff ablegen. Wie nicht anders erwartet, geschieht dies zwei Stunden später. Es fahren zwei Lastkähne, die sich auf offener See gegenseitig beim Manövrieren helfen, aber ansonsten, bis auf uns wenige Passagiere, auf Hin- und Rückfahrt leer sind. Die Schiffer nutzen die Fahrt als Betriebsausflug. Es wimmelt nur so von Steuermännern, Matrosen und Hilfskräften. Wir finden sogar einen schmalen Platz zum Schlafen. Zwischendurch erwischt mich die *Morskaja bolesn* – Seekrankheit. Die unten flachen Schiffe werden von den Wellen hochgehoben und klatschen dann ins Tal – ein ständiges Auf und Ab. Nachdem ich geschlafen habe, entspannt sich mein Magen.

Am Nachmittag erreichen wir die 120 Kilometer entfernte Medny-Insel. Nochmals will ein Offizier um die Erlaubnis gebettelt werden, daß wir das Land betreten dürfen. Wir ankern zunächst in der Bucht *Pestschanaja*, wo sich die Militärstation befindet. Sie schützt Rußland vor Amerika, das nur 400 Kilometer entfernt liegt. Früher stand hier das Dorf *Preobraschenskoje* (auf deutsch „Verklärung Jesu"). Nur noch Kreuze auf dem Friedhof sind Zeugen der Vergangenheit und einige Fundamente von Häusern, die mehr zu ahnen als zu sehen sind. Angeblich war das Dorf unwirtschaftlich. In den siebziger Jahren wurden die letzten dort lebenden Menschen per Sowjetbeschluß zwangsumgesiedelt. Ein junger Aleut, der das Schiff begleitet, ist noch in diesem Dorf geboren. Eigentlich will uns der Kapitän hier auch loswerden. Wir wollen jedoch in den Süden, der ohne militärische Aufsicht ist. Dort werden die Robbenfängerschiffe hinkommen – der einzig mögliche Weg zurück. Zum Glück haben wir auf unseren Freund Dima gehört und noch nicht bezahlt.

Ein Moskauer Student kontrolliert die Fuchsfallen.
A student from Moscow looks at a fox trap.

Unser Ziel ist die Glinkabucht. Wir überreden den Kapitän, uns dort abzusetzen. Auf dem offenen Meer erscheint die See sehr ruhig, so daß wir seinen Einwand, das Wetter sei dort zu ungünstig, nur als Ausflucht abtun. Am Ufer sind die Wellen plötzlich sehr hoch, die Steine alle glitschig und voll Tang. Es ist Ebbe. Ein Schlauchboot soll uns und unser Gepäck an Land bringen. Die zwei jungen Männer, die das Schlauchboot zunächst rudern und kurz vorm Umkippen immer wieder ausbalancieren, werden als Korjaken beschimpft. Ein wettergegerbter, finster wirkender Aleut nimmt ihnen bei der nächsten Fuhre die Ruder aus der Hand. Wir haben großes Glück, nichts versinkt auf dem Meeresgrund, und die Lebensmittel bleiben trocken.

An Land ist für einen kurzen Augenblick plötzlich Stille. Der Schiffslärm ist zurückgelassen. Die Sonne bricht durch, und ich höre die Vögel.

Dann kommt uns auf dieser unbewohnten Insel, ein Mensch entgegen. Er sieht aus wie ein linker Intellektueller, sympathisch und locker. Er begrüßt Ulli – ich werde weder eines Wortes noch eines Blickes gewürdigt. Das trifft mich immer wieder – die Mißachtung der Frauen in Rußland. Ganz beglückt sind wir alle nicht von dieser Begegnung. Jeder hatte sich aufs Alleinsein gefreut. Artjuchin ist Ornithologe und zählt die Vogelkolonien der Insel. Wie sich herausstellt, sind zur Zeit einige Wissenschaftler auf Medny. Ein Zoologenteam aus Moskau erforscht die hiesige Polarfuchsart. Naturschutzleute aus Petropawlowsk zählen und markieren Seebären. Ein Wissenschaftler aus Japan beschäftigt sich mit dem Verhalten der Seelöwen. Er ist ein sehr interessanter Mann, den wir später noch persönlich kennenlernen. Zwangsläufig kreuzen sich die Wege aller im Süden, spätestens bei der Abfahrt.

Die Tierwelt auf Medny ist reich. Ein Paradies für Zoologen. Neben Meeressäugetieren wie Seeotter, -hunde, -bären und -löwen gibt es an den Uferzonen große Vogelkolonien, in denen unter anderem Meerscharben, Lunde, Lummen, Eissturmvögel und Möwen brüten. Davon profitieren die Polarfüchse, die sich, durch die Isolation bedingt, zu einer eigenen Unterart auf dieser Insel entwickelt haben. Trotz der geringen Entfernung zur Beringinsel haben sich über einen langen Zeitraum Unterschiede herausgebildet, die es wert sind, erhalten zu werden. Durch die früher starke Bejagung sind die einst sehr zahlreichen Füchse jetzt vom Aussterben bedroht. Die übriggebliebene Population von sechzig bis neunzig Tieren ist zu klein, um die Gene zu erneuern. Die traurige Bilanz: neunzig Prozent des Wurfes stirbt innerhalb der ersten Wochen an mangelnder Widerstandsfähigkeit gegen Krankheiten und Parasiten. Das Immunsystem der Tiere ist sehr schwach

Dima Utkin
Der Friedhof von Preobraschenskoje im Schnee.
The cemetry of Preobrashenskoye in the snow.

ausgebildet. Vor allem Ohrenmilben plagen die Neugeborenen. Die kleine wissenschaftliche Moskauer Expedition versucht mit internationaler Unterstützung und Medikamenten, die jungen Füchse zu retten. Sie können nur drei oder vier Würfe medizinisch behandeln. Mir erscheint das wie ein Tropfen auf den heißen Stein. Vielleicht ist es die letzte Generation, die uns am Ufer anbellt, ihr Revier verteidigt und Duftmarken ans Zelt setzt.

Kilometerweit laufen wir am Ufer entlang. Immer wieder gibt es Neues zu entdecken. Dabei ist das Laufen oft beschwerlich. Manchmal sinkt man bei jedem Schritt im weichen Sand ein, oder es geht über große, glitschige Steine, die nicht sehr fest aufeinanderliegen, oder wir laufen über rundgeschliffene, bei jedem Schritt sich bewegende, faustgroße Kieselsteine. Feste Schuhe sind Gold wert. Trotzdem ziehen wir oft Gummistiefel vor – immer wieder sind Bäche oder Flüsse zu durchqueren, von den ständig feuchten Tälern der Tundra ganz abgesehen.

Die Felsen bilden bizarre Formen. Einige stehen wie Kulissen im Meer. Andere sind von ockerfarbenen Flechten überzogen, die in den wenigen sonnigen Stunden warm leuchten. Auf den Uferfelsen brüten die Meerscharben. Als wir ankommen, liegen Eier in den Nestern. Kurze Zeit später sehen wir die ersten ausgeschlüpften Jungvögel, die wie Reptilien anmuten. Unsere Wanderungen werden oft ungeahnt zu Abenteuern. An der *Pereschejek*, der engsten Stelle der Medny-Insel, wo zwischen Stillem Ozean und Beringmeer nur knapp vierhundert Meter liegen, machen wir einen Abendspaziergang. Am Ufer des Ozeans entlang laufen wir Richtung Süden. Die Berge stecken im dicken Nebel, nur ganz dicht über dem Meer ist die Luft klar. Nach kurzer Zeit gelangen wir an ein Riff. Bei Ebbe ist es mit einigen Kletterkünsten am Ufer passierbar. Da die Flut hereinkommt, versuchen wir, über die Felsen auf die andere Seite zu kommen. Der Aufstieg ist sehr steil. Die schroffen Steine brechen uns unter den Händen weg. Die Hosen sind vor lauter Flicken langsam zu Patchwork geworden. Immer höher klettern wir, in der Hoffnung, einen anderen Rückweg am Bergmassiv zu finden. Durch den Nebel ist nicht sichtbar, wo unser Riff anschließt. Teilweise steigen wir an fast senkrechten Felsen aufwärts. Dann sind dazwischen wieder schräge Flächen, die mit Erde oder sogar einer dünnen Grasnarbe bedeckt sind, wo wir uns relativ sicher fühlen. Von diesen „Ruheplätzen" aus suchen wir die nächste Aufstiegsmöglichkeit. Schließlich ahnen wir, daß wir nur auf einer Klippe sind und der Weg vorwärts immer steiler und gefährlicher wird. Wir entschließen uns, die Umkehr zu wagen. Unser Weg abwärts mündet in einen steilen Kamin, der nur lose zusammengepappt scheint. Innerlich danke ich meinen Freunden, die mir die

Einer der klassischen noch erhaltenen Liegeplätze auf Medny – die Seebärenkühe. *One of the classic still existent berthing places on Medny – ernale fur seal.*

Technik des Kaminkletterns in der Sächsischen Schweiz gezeigt haben. Wir kommen wohlbehalten am Ausgangspunkt wieder an. Abends schreibe ich in mein Tagebuch:

Die Angst beim Klettern ist mehr im Kopf als im Gefühl. Der Gedanke – ich könnte wirklich abstürzen – es geht ganz schnell – läßt mich supervorsichtig absteigen. Wieso geht es so einfach – es ist doch kreuzgefährlich – die Steine alle locker. Es kann problemlos sein – oder das Ende.

Tagelang sitzen wir in Nebel, Sturm und Regen an der Pereschejek fest. Eigentlich wollen wir an die Südspitze, wo das Robbenschlachten begonnen hat. Langsam werden unsere Lebensmittel knapp. Als eines Abends der Nebel aufreißt und die Sonne sichtbar wird, packen wir in Windeseile unsere Sachen und machen uns auf den Weg über die Berge. Der erste Anstieg ist sehr steil. An einigen Stellen gibt es Seile, die das Klettern mit den schweren Rucksäcken und Fototaschen erleichtern. Dann geht es hoch und runter über die Gipfel. Manchmal sind wir über den Wolken und haben eine wunderbare Sicht auf im Abendrot leuchtende Berge, Wolken und

Meer und dann sind wir wieder im *Tuman*-Nebel. Die Insel ist eine Wetterscheide. Im Südwesten stauen sich die Wolken gegen die Berge und fließen durch die eingeschnittenen Täler auf die Nordostseite. Dort werden sie vom Wind durcheinandergewirbelt und zerteilt. Vom Kamm aus gesehen, ist das ein einzigartiges Spektakel.

Hier oben, in dreihundert Meter Höhe, wachsen erstaunlich viele Steinbrecharten. Wir treffen auf eine Fuchsfamilie. Die Jungtiere sind im Bau zu hören. Die Alten schreien und bellen. Oben, auf den Bergen, haben sie einen anderen Sprachrhythmus als unten, erklärt uns Dima. Er ist Student der Zoologie in Moskau und begleitet uns ein Stück, um uns den Weg zu zeigen und um seine Akkus in der Forschungsstation an der Südostspitze aufzuladen. Er macht Tonbandaufnahmen von den Füchsen.

Gegen 23.00 Uhr sind wir an der Südspitze. Unten sind Häuser zu sehen – eins, in dem eine Gruppe Aleuten untergebracht ist, und eins für die Wissenschaftler und Naturschutzleute. Dazwischen steht noch eins, vom Wetter zerstört, das nach und nach verheizt wird. Obwohl vieles noch nutzbar wäre und Glasscheiben und Klinker hier auf der Insel besonders wertvoll sind, gammelt es vor sich hin. Kleine Hütten am Bach beherbergen einen Dieselgenerator und die *Banja*, wie die russische Sauna heißt.

Da es schon spät ist, schlafen wir gleich im Vorraum eines Hauses. Die nach russischer Art überheizten Zimmer sind für uns wenig verlockend. Am nächsten Tag erleben wir, welch Glück wir hatten, daß es ausnahmsweise nachts nicht regnete. Überall tropft und fließt das Wasser herein. Eine einfache Brettschalung und eine Schicht Farbe bilden die ganze Dachdeckung über dem Vorraum. Die folgenden Nächte schlafen wir im Trokkenen in unserem Zelt.

Nebel, Niesel, das typische Wetter hier. Beim Frühstück unterhalten wir uns mit einem japanischen Wissenschaftler. Seine englische Aussprache ist schwer verständlich, aber seine lebendige, emotionale und bildhafte Art zu erzählen macht Sprache unwichtig. Er erklärt uns die Dynamik in der Gesellschaft der Seelöwen und seine Erfahrungen nach wochenlangen Beobachtungen. Minutiös hat er ihr Verhalten aufgezeichnet. Dazu wurden hundert Jungtiere markiert. Einigen wurde ein Stück Fell in einer bestimmten Form abgeschnitten. Dadurch kann er die Bewegungen der einzelnen Tiere genau verfolgen.

Die Seelöwen teilen sich ihre Liegeplätze mit den Seebären. In kleinen Kolonien haben sie ihre Harems zwischen den Tausenden Bärenrobben, die hierherkommen, um ihre Jungen zu gebären und aufzuziehen. Die Zeit der Geburt liegt bei ihnen einen Monat früher als bei den Seebären. So werden

Weibliche Seebären im Harem. (Callorhinus ursinus)
A harem of female fur seal.

die gemeinsam bevölkerten Uferzonen ökonomisch ausgenutzt. Gut sichtbar in ihrem warmen ockerfarbenen Pelz, heben sich die Seelöwen auch durch ihre Stattlichkeit ab. Steller spricht von ihnen als von sonderbaren Meertieren:

Obwohl diese Meerthier graeßlich aussiehet, und böse oder hizig scheinet; auch an Kräften, an Größe des Körpers und Staerke seiner Glieder den Seebaer bey weitem uebertrifft; daher schwer zu ueberwinden ist, und wenn es sich in Not siehet, aufs grausamste kaempfet, dabey durch seine Löwengestalt die Augen und das Gemueth erschrecket, so fuerchtet es sich doch vor dem Menschen dermassen, daß es, wenn es ihn nur von weiten erblikket, sich schleunigst auf die Flucht begibt, und vom festen Lande in das Meer eilet.

Zuerst kommen die männlichen Seelöwen zu den Liegeplätzen geschwommen und kurz danach die weiblichen. Etwa drei Tage später werden die Jungen geboren. Bereits nach sieben bis zehn Tagen werden die Weibchen erneut befruchtet.

Sie begatten sich mit viel Weibern. Ein Mann hat oft zwey drey oder vier. Diese gebaehren im Anfange des Hey-Monats auf dem festen Lande, iede nur ein Junges, welche die Muetter mit ihren Bruesten saeugen... Die Maennlein halten die Weiblein sehr werth, begegnen ihnen gar nicht so hart, wie die Seebaere; vergnuegen sich sehr an den Schmeicheleyen ihrer

Weiblein, vergelten solche mit haeufigen Gegenbezeugungen, um deren Liebe zu verdienen.
Die Haremsgesellschaften sind sehr dynamisch. Ihre Größe schwankt zwischen ein bis dreißig weiblichen Tieren und einem Bullen. Manchmal existieren diese Gruppen nur zehn bis fünfzehn Tage. Dann ist das männliche Tier, das in dieser Zeit nicht fischen gehen kann, so entkräftet, daß der Harem zusammenbricht. Ein anderes Tier übernimmt die Führung, zum Beispiel einer der Wächter, die die größeren Gruppen bewachen. Oder der Harem zerfällt zu mehreren kleineren. Eine dritte Möglichkeit ist, daß die Seelöwinnen sich anderen Gesellschaften anschließen. Sie sind frei, den Harem jederzeit zu verlassen. Bei den Seebären ist das Gegenteil der Fall. Nordenskiöld beschreibt dies auf der VEGA-Expedition:

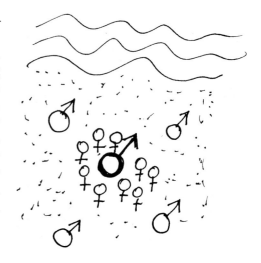

Seelöwenkolonie:
In der Mitte ist der Haremsbulle, umgeben von den Kühen, und außen befinden sich die Wächter.
Colony of Sea lions:
The bull in the middle is surrounded by females, with the watchmen on the edge.

Hierbei sind die Weibchen ganz passiv, streiten nie untereinander und ertragen mit äußerster Geduld die schweren Wunden, die sie oft erhalten, wenn sie von den Streitenden bald hierher bald dorthin gezogen werden. Alle Weibchen werden schließlich auf diese Weise, nach heftigen Kämpfen zwischen den Männchen vertheilt, wobei diejenigen, welche dem Strande am nächsten sind, 12-15 Gemahlinnen auf ihren Antheil bekommen.
Die verwundeten Weibchen fallen auch uns auf. Mehrmals sahen wir, wie in einem Kampf plötzlich eins durch die Luft gewirbelt wird.
Wenn die Seelöwinnen fischen gehen, bleiben sie manchmal drei Tage weg. Kommen sie wieder an Land, suchen sie ihr Junges durch akustische Signale. Die neugeborenen Seelöwen robben frei zwischen den verschiedenen „Familien" herum. Wenn sie Hunger haben, und am Ufer ruft eine Mutter, laufen sie hin. Die Mutter sucht dann das von ihr Geborene aus. Ist das Junge zwei Wochen alt, ist es in der Lage, die Rufe zu hören. Mit drei Wochen hat es gelernt, das Muttertier an der Stimme zu erkennen. Das ist wichtig, da es seine Mutter häufig nicht sehen kann, wenn die Erwachsenen ihm die Sicht verdecken. Die Stimmvariabilität ist nicht sehr groß, und der Blickkontakt hilft das eigene Jungtier herauszufinden. Hält es sich in einem fremden Harem auf, bleiben beide manchmal dort.
Diese Jungen sind nicht so munter und lebhaft, wie die jungen Meerbaere, sondern schlafen bestaendig, oder spielen miteinander ganz schlaefrig; sie sind auch ebenso nachlaessig bey ihren Versuchen zur Geilheit. Gegen

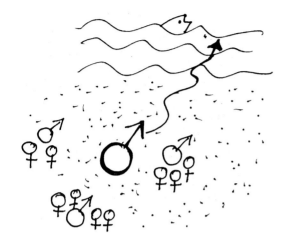

Abend begeben sich die Muetter zugleich mit ihren maennlichen Jungen in das Meer, und schwimmen geruhig am Ufer. Wenn die Jungen vom schwimmen muede werden, so setzen sie sich der Mutter auf den Ruecken, und ruhen aus, die Mutter aber waeltzet sich wie ein Rad, wirft die traegen Jungen ab, und gewoehnet sie zum Schwimmen.

Von den Bullen, die den Harem bewachen, lernen sie ebenso spielerisch zu rivalisieren.

Die Machtkämpfe der Seelöwen sind nicht so aggressiv wie die der Seebären. Sie kämpfen nur direkt frontal und greifen Kopf und Nacken an. Dreht sich einer von beiden weg, gibt der andere sofort auf. Nie wird von hinten oder von der Seite angegriffen.

Wenn ein Harem zusammenbricht, können daraus neue, kleinere Harems entstehen.
If a harem is broken up smaller ones ar formed, or the females search for a new bull.

Die Seelöwinnen sind nach vier bis fünf Jahren fruchtbar (die weiblichen Seebären schon nach drei oder vier Jahren), die Bullen hingegen brauchen sechs bis sieben Jahre zur Reife. Bei einem Durchschnittsalter von fünfzehn Jahren können sie sich nur etwa die Hälfte des Lebens an ihrer Potenz erfreuen. Wie oft auch bei den Menschen werden die weiblichen Tiere etwas älter.

Über die Nutzbarkeit der Seelöwen schreibt Steller:

Sowohl die Fetthaut als das Fleisch von diesem Thiere ist ueberaus suesse, wohl schmeckend und appetitlich. Die Floßfedern an Fuessen geben eine schoene Gallert, und werden vornemlich vor Leckerbislein gehalten (…) Das Fett von ihren Jungen uebertrift an Sueßigkeit das Hammelfett und gleichet dem Marcke in Schienbeinen. Aus der Haut bereiten sie Riemen, Schuhsolen, auch ganze Schuhe und Stiefeln.

An den folgenden Tagen beobachten wir die Seebären und Seelöwen – Raubtiere, die ursprünglich an Land gelebt haben und jetzt im Wasser jagen. Ihre beiden Schenkel sind in einem engen Hautsack, der auf mich wie ein zu enger Rock wirkt. Ihre Hinterflossen haben sogar Krallen, die sich etwa auf der Mitte befinden. Zwischen den Flossen ist ein Rest Schwanz. Der Kopf ist sehr klein, in viel Fett eingebettet. Am Ufer können wir uns kaum bewegen. Überall sind Liegeplätze, und es ist nicht ratsam, den Raubtieren zu nahe zu kommen, wenn die weiblichen Tiere und die Neugeborenen dabei sind. Die Bullen würden uns zerreißen.

Am nördlichen Liegeplatz der Seebären auf der Beringinsel war das vor einigen Wochen noch anders gewesen. Dort waren erst die Junggesellen angekommen, die weiblichen Tiere noch auf ihrem Weg durchs Meer.

Wir kriechen langsam an die Tiere heran, die uns in dieser Lage für Rivalen halten und nicht ausreißen. Es ist aufregend und spannend. Ich habe Angst und krieche trotzdem langsam näher. Der Bulle baut sich vor mir auf und zeigt die Zähne. Ich weiß, wenn ich mich aufrichte, wird er, so lange er keinen Harem zu verteidigen hat, die Flucht ergreifen – und mit ihm die ganze Herde. Ich schaue durch die Linse meines Fotoapparates, das schafft einen Abstand, der nicht vorhanden ist. Durch unsere Zoologischen Gärten an große Nähe zu den Tieren gewöhnt, vergißt man schnell in der freien Natur den nötigen Respekt. Nachdem ich bis auf vier Meter an das Tier herangerobbt bin und, für meine Begriffe, phantastische Porträtaufnahmen gemacht habe, ziehe ich mich langsam zurück. Dabei achte ich ständig darauf, daß zwischen mir und dem Steilhang kein Bulle ist, der mir den Weg abschneidet und mich vielleicht von hinten angreift.

Als ich Ulli bei derselben Aktion beobachte, wird mir noch nachträglich schlecht. Als Zuschauerin ist mir die Gefahr viel bewußter als in der Situation.

Auch Steller berichtet in seiner „Topographischen und Physikalischen Beschreibung der Beringinsel" über die Seebären:

Den ersten Seebären schlugen unsere Leute am achtzehnten April und einen anderen am neunzehnten. Sie wogen jeder mit Speck und Fleisch wenigstens zwanzig Pud (800 russische Pfund). Es war uns ein großer Trost, zu finden, daß unser Kommando mit zwei, höchstens drei solchen Tieren ernährt werden konnte…

…, daß diese und andere Inseln ohne allen Zweifel der Sommeraufenthalt dieser Tiere, um daselbst zu gebären, sein müsse und vermutete jetzt, daß diese nur Vorboten eines größeren Zuges wären. In dieser Hoffnung sahen wir uns auch nachmals nicht betrogen, da bald unzählige Herden nachfolgten und binnen wenig Tagen die ganze Küste dermaßen anfüllten, daß man ohne Leib- und Lebensgefahr nicht mehr vorbei kommen konnte.

Im Südosten der Medny-Insel gibt es ungefähr 18 000 Seebären. Früher zogen sich die Liegeplätze fast um die ganze Insel. Die Pelztierjäger töteten und vertrieben zahlreiche Tiere. Auch heute noch werden jährlich mehrere tausend Seebären erschlagen. Nordenskiöld erlebte es folgendermaßen:

Diese unglücklichen, unnützen Junggesellen sind es, die bei den ordentlich verwalteten Fangstationen das Schlachtcontingent liefern. Zu diesem Zweck werden sie von den Eingeborenen langsam (etwa 1 km in der

Stunde) und mit häufigen Raststunden von dem Strande nach dem Schlachtplatz getrieben, der 1 oder 2 km vom Ufer entfernt ist. Die Weibchen und Jungen, sowie die Männchen, deren Pelz untauglich ist, werden fortgejagt; die übrigen werden erst durch einen Schlag auf den Kopf betäubt und dann mit einem Messer erstochen.

Die Russen nennen den Schlachtplatz und die Arbeit selbst Saboi. Wir erleben den Saboi mit, nachdem er wegen des Wetters mehrmals verschoben wurde.

Bei einem langwierigen starken Regen sollen außerdem viele von den Thieren im Meere Schutz suchen, aber zurückkehren, wenn der Regen aufhört. Dieselbe Wirkung üben anhaltende Wärme und Sonnenschein aus; kühle, feuchte Luft mit nebelumhüllter Sonne lockt sie dagegen zu Tausenden auf das Land.

Sehr früh am Morgen fährt ein Ruderboot durch den Nebel auf das Ufer zu, an dem Hunderte von Seebären in langer Reihe liegen. Von der anderen Seite kommen Aleuten in gebückter Haltung. Sie treiben mit langen Stangen einen Teil der Herde in die Bucht an der Felswand. Zwei bis drei Männer bewachen die verängstigten, aufgeregten, dampfenden Tiere. Die anderen schärfen die Messer. Ein Teil der Herde wird abgespalten. Die Männchen, die sich einen Harem geschaffen haben und ihn auch verteidigen können, entgehen gewöhnlich dem Schlachten, wenn auch oft nur aus dem Grund, daß ihr Pelz zu abgetragen, zerrissen und lappig ist. Vor allem die Junggesellen müssen hier ihre Haut lassen. Die

Der Saboi

Historische Abbildung vom Robbenschlagen. *Historic carving of a seal harvest.*

Drei- bis Vierjährigen werden mit Schlägen auf den Kopf betäubt. Blut tritt aus der Nase. Die freigelassenen Tiere bleiben verdutzt, in geringem Abstand stehen und beobachten, wie ihre Artgenossen zum Meeresrand gezogen werden. Einige erwachen wieder, bis sie erneut ein Schlag auf den Kopf trifft. Am Ufer schneidet ein Mann die Haut an der Stelle über dem Herzen auf und sticht dann ins Herz hinein, um die Seebären zu töten. Die Aleuten sagen, nur dieser eine kann das tun. Aus den verendenden Tieren läuft mit jedem Atemzug, der noch in den zuckenden Körpern ist, Blut. Hellrot und leuchtend steht es in großen Lachen auf den Steinen und vermischt sich mit der hereinkommenden Flut. Nebel dämpft die Geräusche.

Dann werden die Tiere aufgeschnitten – Herz und Zunge fürs Essen, die Hoden für die Pharmaindustrie und die Zähne, angeblich, für die Wissenschaft. Ein Schlitz in die hintere Fußflosse, um sie, an Bojen befestigt, mit einem langen Tau zum Schiff zu ziehen.

Ein Verantwortlicher vom Naturschutz beobachtet die Szenerie, sucht die Herde aus, paßt auf, daß möglichst kein Harem erwischt wird, und packt auch hier und da mit an. An den anderen Tagen besteht seine Arbeit darin, stundenlang die Küste abzulaufen, um die Tiere zu zählen. Zwei seiner Assistenten hacken die Oberkiefer der inzwischen toten Tiere ab, um sie auszukochen und die Zähne herauszulösen. Sie arbeiten für das ökologische Institut. Dort sollen die Zähne zu Forschungszwecken analysiert werden. Wir können uns das nicht ganz vorstellen, da sie unbeschriftet zu Hunderten in großen Plastetüten gesammelt werden.

Unter den Vorzeichen des frühen Morgens verläuft der Tag für mich voller Schmerz. Es ist mein Geburtstag und, abgesehen vom Tag der Geburt, wohl der Eindrücklichste.

Abends erfolgt die Reinwaschung – von der Arbeit, vom Blut. Einer hat tagsüber schon die Banja angeheizt, in der die Männer abends schwitzen.

Fünfmal fährt das Schiff zwischen Nikolskoje und dem Liegeplatz hin und her, jedesmal vier- bis fünfhundert tote Seebären an Bord. Sie sind als Futter für die vor etwa vierzig Jahren auf der Beringinsel errichteten Nerzfarm bestimmt, die sich Futtermittel vom Festland nicht leisten kann. Für uns eine unvorstellbare, empörende Situation. Allerdings kenne ich keine europäischen Schlachthöfe von innen.

Später, während das Schiff schon nach Nikolskoje unterwegs ist, werden nach und nach die Seebären über Bord aufs Deck geholt. Dort wird ihnen mit einer elektrischen Winde buchstäblich das Fell über die Ohren gezogen. An den vorübergehend im Wasser hängenden Häuten fressen sich inzwischen die Eissturmvögel satt.

Bevor wir von Medny und den Menschen, die wir dort getroffen haben, Abschied nehmen, wollen wir uns für die Gastfreundschaft bedanken. Ein paar Lebensmittel haben wir noch, und so beschließen wir, für alle *Blintschiki* zu backen. Im Dorf hatten wir aus der Not eine Tugend gemacht und beobachtet, wie die Einheimischen ihre wenigen Lebensmittel verarbeiten. Daraus kreierten wir, wiederum notgedrungen, da wir ohne lange Vorratswirtschaft noch weniger hatten, eigene Rezepte. Unsere Experimente waren bis jetzt immer auf Begeisterung gestoßen. Die „Meisterköche" der Insel fragten uns schon nach Rezepten. Als Treibmittel wird Soda oder Hefe verwendet. Die befragten Frauen schränkten aber gleich ein, daß die Hefe, die frau/man kaufen könne, zu schlecht zum Backen sei. Unsere ersten Kekse werden sehr bitter. Beim zweiten Versuch haben wir die Dosierung des Sodapulvers, mit dem hier auch das Geschirr gespült wird, schon besser heraus. Vor allem muß es gut unter das Mehl gemischt werden. Unsere *Petschenje* à la Medny bestehen aus Mehl, Zucker, Salz und Pfeffer, Soda, gezuckerter Kondensmilch, Leberwurst (die mehr zufällig dazwischen geraten ist, da fast alle Büchsen ohne Etikett verkauft werden) und einer Büchse Marmelade. Das ganze backen wir im Ofen, der mit Holz geheizt wird. Das Resultat hat einen Geschmack, der mich an Pfefferkuchen erinnert. Mit Begeisterung wird das Gebäck in kurzer Zeit aufgegessen.

Neben Bärenrobben und Seelöwen leben an der Küste der Medny-Insel zwei Arten von Seehunden und Seeotter. Die Seeotter schwimmen auf dem Rücken im Meer und haben dabei ihr Junges auf dem Bauch. Mit den

Vordergliedmaßen knacken sie Muscheln, wenn nötig auch mit Hilfe von Steinen, die sie vom Meeresgrund holen. Ist die Mutter auf Futtersuche, hört man die wenige Wochen alten Jungtiere, die wie Treibholz auf den Wellen schaukeln, ängstlich fiepsen. Hin und wieder beobachten wir sie in der Morgendämmerung auf ihren Liegeplätzen, den Uferfelsen und Ebbefeldern. Wenn die scheuen Tiere uns bemerken, packen sie ihre Jungen eiligst am Nacken und rutschen auf dem glitschigen Meerkohl ins Wasser. Von dort beobachten sie uns aus sicherer Entfernung.

Steller beschreibt diese Tiere so treffend, daß dem kaum etwas hinzuzufügen ist.

Die Seeotter ist im Leben ein ebenso schönes und angenehmes als den Sitten nach lustiges und possierliches Tier. Wenn man sie laufen sieht, übertrifft der Glanz ihrer Haare den schwärzesten Samt. Sie liegen am liebsten familienweise zusammen: das Männlein mit seinem Weiblein, halberwachsenen Jungen oder Roschloki und noch ganz jungen Saugenden oder Medwedki. Der Mann karessiert das Weiblein mit Streicheln, wozu er sich der vorderen Tatzen wie Hände bedient, legt sich auf dasselbe, und sie stößt das Männlein scherzweise öfters und gleichsam aus verstellter Sprödigkeit von sich und kurzweilet mit ihren Jungen wie die zärtlichste Mutter. Ihre Liebe gegen die Jungen ist so heftig, daß sie sich der augenscheinlichsten Todesgefahr für sie unterwerfen, und wenn sie ihnen genommen werden, pflegen sie fast wie ein kleines Kind laut zu weinen und grämen sich dergestalt, daß sie, wie wir aus sicheren Beispielen sahen, binnen 10 oder 20 Tagen wie ein Gerippe vertrocknen, krank und schwach werden, auch vom Lande nicht weichen wollen. Auf der Flucht nehmen sie ihre Säuglinge in den Mund, die Erwachsenen aber treiben sie vor sich her. Haben sie das Glück zu entgehen, so fangen sie, so bald sie nur die See erreicht haben, an, ihre Verfolger dergestalt auszuspotten, daß man es nicht ohne sonderliches Vergnügen ansehen kann.

Für uns wird es zunächst ungeahnt schwierig, die Insel zu verlassen. Wie schon erwähnt, ist das Schiff die einzige Variante des Transports. Wann wieder ein Hubschrauber kommt, ist völlig unbestimmt. Trotzdem läßt der Kapitän uns ausrichten, daß er uns nicht mitnehmen wird. Das gibt es wahrscheinlich nur in Rußland, daß sich jemand in einer solchen Situation grundlos weigert zu helfen. Wir bitten einen der Aleuten, ein gutes Wort für uns einzulegen, und lassen dem Kapitän die Botschaft überbringen, daß wir natürlich bezahlen werden. Als Antwort bekommen wir einen Zettel überreicht, auf dem nur steht: 200 $. Wir hatten eigentlich nicht vor, das Schiff zu kaufen. Diese Summe entspricht etwa drei Monatsgehältern eines

Die Häute werden mit einer elektrischen Winde abgezogen.
The skin is ripped off with an electric winch.

Ingenieurs. Aus taktischen Gründen reagieren wir nicht weiter. Als wir
dann auf See sind, kommt der Kapitän sofort auf uns zu und will sein Geld.
Wir bieten ihm fünfzig Dollar als Verhandlungsgrundlage an, daraufhin
zieht er beleidigt ab…

Auf der Rückfahrt begleiten Delphine das Schiff voll toter Seebären. Die
schönen Tiere werden vom Motorengeräusch angelockt, das für sie unter
Wasser möglicherweise wie Musik klingt. Lange schwimmen sie um das
Schiff. Ab und zu springt einer kraftvoll hoch aus dem Wasser, als wollten sie
uns eine Vorstellung bieten.

Nachts um drei Uhr kommen wir vor der Beringinsel an und ankern dort,
bis es früh gegen sieben Uhr hell wird. Der Tag vergeht mit Einkaufen,
Waschen (uns und die Wäsche) und Besuchen. Am nächsten Tag wollen
wir *Prasdnik* machen und unsere Freunde zur Wiedersehens- und Geburts-
tagsfeier einladen. Ich zeichne auf die Einladungskarten Füchse, jeder dem
Charakter des Empfängers entsprechend. Da der Alkohol sehr teuer ist,
mischen wir einen Cocktail. Im *Magasin* haben wir Gläser mit sauren Pflaumen entdeckt, die hier merkwürdigerweise niemand kauft. Die Verkäuferin

wundert sich, als wir gleich mehrere Gläser nehmen. „Zu Hause" entsteinen wir die Pflaumen, schneiden sie klein, wobei die meisten von selbst zerfallen. Dann gießen wir Wodka darüber, geben etwas Zucker und Zitronenkristalle (aus der Slowakei) hinzu und füllen mit Wasser auf. Das Gemisch lassen wir über Nacht ziehen. Obwohl es sehr simpel ist, sind alle verblüfft. Unsere Gäste erscheinen, schön zurechtgemacht, pünktlich zum Abendessen. Jeder bringt ein Geschenk mit. Olga hat mir einen kunstvollen Kragen gehäkelt. Dima überreicht zwei Diapositive mit Landschaften der Insel. Gena schenkt mir eine Militärschapka mit dazugehörigem Koppel. Schura, Sergejs Frau, hat einen Kettenanhänger für mich. Es ist ein Stein, den Sergejs Vater gefunden hat. In tagelanger Arbeit hat er den Jaschmar mit feinem Sand und viel Wasser geschliffen. Sergej selbst ist in Sarannoje beim Fischen und kann wegen dem schlechten Wetter nicht ins Dorf kommen. Später läßt er mir nachträglich einen großen Nerka als Geburtstagsgeschenk überbringen. Schura und Sergejs Kinder, die auch Olga und Dima heißen, sitzen schüchtern auf dem Sofa. Wir essen und trinken, reden, soweit unser Russisch reicht, und haben viel zu lachen. Zu später Stunde kommt noch unser Haustier ins Zimmer. Vorsichtig an der Wand entlang trippelnd, späht unsere *Myschka* nach ihrem Anteil vom Abendessen. Olga junior kreischt klassisch, ihrem Alter entsprechend, auf. Daraufhin verschwindet die Maus in einem aufgerollten Teppich.

Die Landschaft und ihre Schönheiten

Meeresalge
Sea algae

Jede Bucht dieser zunächst karg erscheinenden Insel hat ihre Eigenarten, ist anders schön. Im Juli blüht die Tundra. Zartgelbe Rhododendronblüten und weiße Anemonen überziehen die wellige Landschaft. Läuft man nicht in Richtung dieser Wellen, ist es mühsam voranzukommen. Die bis zu achtzig Zentimeter tiefen Täler machen die Wanderung zu einem Auf und Ab. Einfacher ist es, den vom Wind glattgefegten Bergrücken zu folgen. An feuchten Stellen breiten sich blaue Irisblüten und verschiedene Arten von Orchideen aus. Später, Ende August, wachsen in den schützenden Senken viele Pilze und Beeren – neben Fisch die Hauptnahrungsquelle für die Bewohner Kamtschatkas. An den Wochenenden zieht das ganze Dorf in die Tundra, um Vorräte für den Winter zu sammeln. Wo vorher Pilze standen, liegen hinterher Wodkaflaschen.

Abgesehen von den Grundnahrungsmitteln wie Mehl, Reis und Nudeln, sind alle Lebensmittel sehr teuer, für viele unbezahlbar. Außerdem ist die Versorgung der Insel sehr schlecht. Zwiebeln aus Amerika für 16 DM pro Kilogramm als einziges frisches Gemüse konnten selbst wir uns nicht leisten. Wer Land hat, baut Kartoffeln an. In dem rauhen Inselklima gedeiht ohne Gewächshaus keine andere Kulturpflanze.

Wir laufen von der Tolstoihütte zur Lisinskaja Bucht – in diesem Namen klingt das russische Wort: *Lisitza* – Fuchs – an. Es ist einer der seltenen Sonnentage. In der klaren Luft und auf der schattenlosen Insel erscheint mir die Sonne unbarmherzig. Ich denke an Ullis Worte im Winter, als er von ständigem Nebel und Nieselregen sprach. Wir folgen zunächst einer uralten *Tanketka*spur, die sich tief in den Tundraboden gegraben hat und auf den Bergrücken führt. Hier weht ein kalter Wind, und wir kommen gut voran. Ein einzelner Fuchs, der wohl viele Jäger erlebt hat, flüchtet vor uns eilig und schon in großer Entfernung. Ich halte nach Rentieren Ausschau. Bisher habe ich nur im Norden eine kleine Gruppe auf einem Schneefeld gesehen. Irgendwo müssen sie alle sein, es gibt schließlich fast tausend Stück auf der Insel.

Der Bergrücken führt uns zu einem Kessel, den wir auf halber Höhe umlaufen, um nicht ganz absteigen zu müssen. Von hier oben sieht die direkte Verbindung zwar viel kürzer aus, aber das Flußtal und die ausgeprägten

Wellen der Tundra in der Niederung sind nicht zu unterschätzen. Schulter-hohe Strauchweiden verstellen störrisch den Weg. Stattdessen laufen wir über eine malerische Blumenwiese. Vom folgenden Paß aus sieht man schon in die Lisinskaja-Bucht hinein, mit ihren zwei großen und tausend kleinen, flachen Seen, in denen sich die Landschaft spiegelt.

Trotzdem wird mir der Weg noch lang. Der Rucksack mit Lebensmitteln für zehn Tage ist schwer, und die Fototasche zerrt an meinem Hals – Grund genug, oft anzuhalten und die Landschaft zu genießen. Unten im Fluß schwimmen knallrote Blaurückenlachse, ihren Namen verspottend. Einige sind noch sehr schnell, andere kann man in aller Ruhe mit der Hand greifen. Sie haben bereits abgelaicht und sind mehr oder weniger im Sterben begrif-fen. Die Jagdhütte in dieser Bucht ist vergleichsweise ungemütlich gegen die Tolstoi-*Isbuschka*. Wir sammeln Holz am Strand. Unsere Vorgänger waren zu faul dazu und zogen es vor, die äußere Schalung der Hüttenwand und Teile des Fußbodens zu verheizen. Am Ufer sind junge Füchse. Vor uns ziehen sie sich schnell zurück, stecken aber nach einer Weile vorsichtig ihre Nasen aus dem Bau.

In einem der Seen entdeckt Ulli einen Tschawytscha. Das sind die größten pazifischen Lachse, die eigentlich in Kamtschatka beheimatet sind. Manch-mal verirren sie sich in die Gewässer der Insel. Die Königslachse, wie sie bei uns heißen, wiegen bei ihrer Rückkehr aus dem Meer etwa sechzehn Kilogramm. Das tiefrote und feste Fleisch ist von allen Lachsarten am

Die Hütte in der
Pereschejek.
The hut in Perescheyek.

Einer der vielen flachen Seen in der Lisinskaja. *One of the many flat lakes in Lisinskaya.*

begehrtesten und teuersten. Ulli bringt von dem tot aufgefundenen Fisch die Eier und den Kopf mit. Er wird als Trophäe in Sergejs *Saraj* hängen. Sergej hat eine Scheune zum Bootshaus umgebaut. Im Lauf der Zeit füllte sie sich mit angeschwemmten Rettungsringen und Bojen, Rentiergeweihen und wurde eine gemütliche Zufluchtsstätte, in der er oder seine Gäste übernachten können.

Von der Lisinskaja laufen wir Richtung Nordwesten zur Pereschejek der Beringinsel. Wie so oft, geht es immer am Ufer entlang. Dicker Nebel läßt mich jedes Gefühl für Entfernungen verlieren. Die filigranen, märchenhaften Felsen kann ich nur ahnen. An einem lehnt eine Stange, wie sie Aleuten benutzen, um junge Meerscharben aus ihren Nestern zu holen. Zwischen den steil aufragenden Wänden, die zum Teil mit orangenen Flechten überzogen sind, hat sich ein tiefer See eingegraben. Durch einen schmalen Kanal ist er mit dem Meer verbunden. Als wir näher zur Pereschejek kommen, glauben wir im Sand flüchtige Fußspuren zu sehen. An der Hütte am See raucht der Schornstein. Sergej, ein Aleut, steht schon in der Tür, um uns zu empfangen. (Die Vielfalt der russischen Vornamen ist beschränkt: Olga, Natascha,

141

Alexandra und Alexander, Nikolai, Dimitri sind die häufigsten, zu denen es aber vielfältige Kose-, Verkleinerungsformen und Abkürzungen gibt.)

Sergej ist erstaunt und erfreut über unseren Besuch. Seit acht Tagen ist er allein. Sein Bruder und zwei weitere Männer sind mit einem kleinen Kutter nach Nikolskoje gefahren, um den Fang hinzubringen und Lebensmittel zu holen. Sie fischen im See Lachse, die für die Mink-Farm im Dorf zur Fütterung bestimmt sind. Eigentlich ist die Lachssaison fast vorbei. Nur der Kischutsch, der aber in diesem See nicht vorkommt, zieht noch. Er folgt Anfang September dem Gorbuscha. Der Silberlachs bringt circa sechs Kilogramm auf die Waage und ist größer als Nerka und Gorbuscha, die Eier sind jedoch kleiner. Sein rotes Fleisch ist schmackhaft und nicht sehr fett. Er kommt nur in größeren Flüssen vor und wird wie der Nerka von der Genossenschaft abgefischt.

Sergej ist in Sorge. Eigentlich sollte der kleine Kutter mit den Fischern gleich am folgenden Tag zurückkommen. Er hat keine Nachricht, weiß nicht, ob etwas passiert ist… Am übernächsten Tag will er ins Dorf laufen. Dazu wird er zwei oder drei Tage brauchen. Immerhin sind ungefähr fünfzig Kilometer über hügeligen, feuchten Tundraboden und am steinigen Ufer zurückzulegen. Außerdem hat er kein Zelt und muß die nächste Hütte bis zur Nacht erreichen. Aber was soll er länger in Ungewißheit warten. Es ist ihm schrecklich langweilig so allein. „Skutschno…“, stöhnt er. Die einzige Ablenkung sind ein paar Bücher aus der Bibliothek, die er uns gibt, in der Annahme, daß es uns ebenfalls langweilig sein muß. Am Abend kocht er Suppe aus jungen Meerscharben und Petruschka. Es schmeckt phantastisch.

Am nächsten Morgen hebt sich der Nebel. Endlich kann ich mich orientieren. Vom Strand aus sehe ich die Vogelinsel, die bei Ebbe durch einen schmalen Sandstreifen mit der Beringinsel verbunden ist. Um zu ihr zu gelangen, müssen wir den ganzen See umrunden. Der Fluß ist zu tief, um ihn zu durchqueren. Die Vogelinsel ist ein Plateau, das sich ein paar Meter schräg aus dem Meer hebt. An ihrer Seite laufen Lavafelder entlang, von tiefen Gräben durchbrochen. Als wir oben auf dem Plateau sind, können wir in die Vogelkolonien hineinsehen. Die Dick- und Dünnschnabellummen, die in ihrem schwarzweißen Federkleid wie Pinguine aussehen, haben Junge. (Wieso gibt es eigentlich nur dieses eine Wort für männliche und weibliche nichterwachsene Tiere??) Kleine graue Federbüschel werden sorgsam an die Felswand geschoben, damit sie in ihrer Neugier nicht zu weit an den Rand geraten und vieleicht noch abstürzen. Der Fuchs wartet schon…

Auch viele andere Vogelarten brüten hier: verschiedene Arten von Möwen und Lunden, Eissturmvögel, Taubenteisten und andere.

Eingenähte Lachshaut.
Sewed fish black skin.

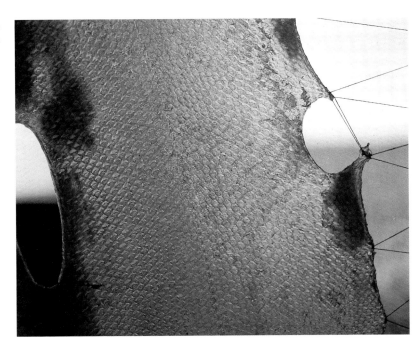

Von den Fischen, die wir
aßen, trocknete ich die
Häute in Rahmen aus
Strandgut.
*We ate the fish and
I dried the skins
in frames made of
driftwood.*

143

Wir wollen zur *Dikaja*, der wilden Bucht. Es soll die schönste der Insel sein. Auch hier sehen wir wieder junge Füchse, die uns frech ankläffen und neugierig beobachten. Am Ufer flattert ein Rabe mühsam herum. Er scheint krank. Das Gefieder über der Brust ist so dünn, daß das Brustbein rausragt. Da wir näherkommen, duckt er sich an den Boden und stellt sich tot.

Als wir die Dikaja erreichen, ist die Flut bereits so hoch, daß wir die Felsen nicht mehr umlaufen können und die Bucht nur ein Stück einsehen. Tief in das Gestein geschnitten, wirkt sie wie eine Bühne. Lavagräben treffen auf schroffe Felsen, an denen Tausende Vögel sitzen. Das Echo zwischen den Basaltwänden vervielfacht das Stimmengewirr, das sich mit Meeresrauschen mischt. Über die tiefen Gräben springend, versuchen wir Stück um Stück auf den Vulkanfeldern vorwärtszukommen. Aber die Flächen über Wasser werden immer kleiner. In der Bucht sind dicke Wolken, die für einen kurzen Moment aufreißen. Ein Sonnenstrahl zeigt ihre Schönheit. Es soll in diesem Jahr der einzige Einblick in die Bucht für mich bleiben.

Wir laufen enttäuscht zurück zum nächsten Wasserfall und schlagen das Zelt auf. Auf einem kleinen Feuer kochen wir Reis und Tee. Hinter uns hören wir den Fuchs bellen, der seit Stunden sein Revier gegen uns verteidigt. In respektvollem Abstand vom Feuer blitzen die Augen seines Artgenossen in der Dämmerung. Wir schauen in den Himmel über dem Beringmeer. Wolkenbänder verhüllen die heller werdenden Sterne an einigen Stellen. In das Rauschen des Meeres mischt sich unmerklich ein Motorengeräusch. Langsam wird es deutlicher. Nach endlos scheinender Zeit sehen wir die Lichter eines kleinen Kutters. Sergej wird sich freuen, nicht mehr allein zu sein und sich die Strapazen des Rückweges ersparen zu können. Am nächsten Morgen wäre er aufgebrochen.

Wir versuchen, einen Weg über die Felsen in die Bucht zu finden. Nachdem wir eine Weile geklettert sind, stoßen wir auf einen schmalen Pfad, der an einer jäh abfallenden Felswand endet. Ich muß passen. Der Rückweg würde meine Kletterkünste überfordern – schmerzlich, aber wahr. Also weichen wir nach oben aus und steigen immer höher, in der Hoffnung, die Wilde Bucht aus der Vogelperspektive zu sehen. Auch das bleibt uns verwehrt. Wir steigen direkt in eine Wolkenwand hinein – die keusche Dikaja will nicht gesehen werden.

Am Abend kehren wir zurück zur Perschejek. Wunderschönes Abendlicht läßt die Felsen aufleuchten. Auf der Vogelinsel sehen wir noch einmal „nach dem Rechten". Die schöne Stimmung läßt sich, wie so vieles, nicht festhalten. Zum Fotografieren reicht das Licht nicht mehr. Wir drehen wieder die Ehrenrunde am Ufer des Sees, um zur greifbar nahen Hütte zu gelangen. Die ist inzwischen schon so voll, daß zwei vor der Tür bleiben müssen. Sergej strahlt über das ganze Gesicht. Das Boot hatte ein Leck und mußte repariert werden – kein Grund zur Sorge. Es gibt frische Lebensmittel – Brötchen und Butter. Das ist für uns fast exotisch. Dazu *Baklan*suppe – junge Meerscharben. Nach dem Abendessen und dem Austausch der neuesten Neuigkeiten ziehen wir uns ins Zelt zurück. Das ist der beste Schutz gegen Mücken. Obwohl die Nächte schon kalt sind, gibt es noch genug dieser Quälgeister. Sergej hatte auf die heiße Ofenplatte eine Paste gedrückt, die zum Mückenschutz eigentlich auf die Haut aufgetragen wird. Es stank zwar mörderisch, war aber nicht sehr wirkungsvoll. Wegen der Hitze beim Kochen stand in der engen Hütte immer die Tür offen, so daß genug Insekten nachströmen konnten.

Früh ziehen die Männer zum Fischen aus. Nur wenige Lachse und ein paar Wandersaiblinge gehen ins Netz. Die Saiblinge sind weitverbreitet auf der Insel. Ein großer Teil dieser Art wandert im Mai ins Meer hinaus und kehrt im späten Sommer zurück. Der Rest hält sich das ganze Jahr über in den Flüssen auf. Der Wandersaibling hat ein grünsilbernes Kleid mit rosa Punkten. Sein rotes Fleisch ist weicher und zarter als das der Lachse. Im Winter werden Löcher ins Eis der Flüsse gehackt, kommen die Saiblinge zum Luftholen an diese Stellen, werden sie leichte Beute für die Menschen. Süßwasserfische gibt es in den kalten, mineralarmen Gewässern der Insel nicht.

Viele Fische haben den See verlassen und sind den Fluß hochgezogen, Richtung Quelle. Sergej und seine Freunde wollen sie wieder heruntertreiben. Im Flußbett laufen die Fischer, das Wasser mit den Rudern aufpeitschend, zum See. Aber der Erfolg ist mäßig. Die meisten Fische sind schlauer, weichen geschickt aus und folgen ihrem Trieb flußaufwärts.

An der Golodnaja-Bucht vorbei wandern wir zurück Richtung Lisinskaja. *Golodnaja* heißt hungrig. Die langgestreckte Bucht ist voll von feinem Sand. Bei jedem Schritt sinken wir ein und werden davon hungrig – wie die Bucht. Wir beschließen, nicht weiter am Ufer zu laufen, sondern lieber in das Tal hinein. Im See dieser Bucht gibt es noch ein paar Nerkas. Nur die Rücken schauen aus dem seichten Wasser. Als wir hinterherrennen, um sie zu fangen, schlagen alle wild mit dem Schwanz um sich, um in den tieferen Teil des Sees zu kommen. Zwei fangen wir trotzdem und kochen sie mit Nudeln. Die schönen roten Häute verblassen sehr schnell zu einem fahlen Grau, das von roten Adern durchzogen ist. Ich bin enttäuscht und will sie wegwerfen, werde dann aber doch neugierig, wie sie trocken aussehen. Als ich sie am nächsten Tag in der Lisinskaja-Hütte spanne, gewinnen sie mit zunehmender Trockenheit ihren warmen, intensiven „lachsroten" Farbton zurück und werden wahre Prachtstücke.

Beim Frühstück in der Golodnaja, wo wir nachts unter einem leuchtenden Sternenhimmel gezeltet haben, wollen wir den *Ikra* essen. Abends hatten wir die Eier aus dem Fisch genommen, über Nacht im kalten Flüßchen gelassen und am Morgen mit Salz zubereitet. Inzwischen sind sie knochenhart geworden. Enttäuscht beißen wir auf den Eiern herum. Leider ist es kein Genuß.

13. August, Lisinskaja

Früh bei wechselwolkigem Wetter gehen wir noch einen Lachs fangen. Ich will versuchen, die rote Farbe stärker zu erhalten, vielleicht, wenn ich ihn gleich töte und sofort abziehe. Diesmal fangen wir mit Netz, was immer wieder schwierig ist, obwohl der Fluß sehr schmal ist. Die Strömung trägt das Netz hoch, und die Lachse lassen sich kaum in eine Richtung drängen, auch wenn ich sie mit dem Stiefel schubse. An einer Stelle ist das Flüßchen so tief, daß die Stiefel kaum reichen. Das Ufer ist weit ausgehöhlt, ein gutes Versteck für Lachse und Saiblinge. Wir kriegen schließlich doch ein schönes rotes Männchen. Ich ziehe an Ort und Stelle die Haut ab. Abends wird es dann Fischgulasch geben. In den Flüssen sind noch immer viele Buckellachse, die zu den Wasserfällen ziehen, flußaufwärts werden es immer mehr.

In der Hütte spanne ich die Haut auf – wieder Schwemmholz – roh zusammengezimmert – fünf Nägel, die Haut mit Garn aufgezogen – fertig. Am Abend ist sehr schönes LIcht. In der Bucht wächst Sonnentau. Das Wollgras leuchtet mit seinen weißen Büscheln vor dem blaugrauen Wasser. Auf dem Rückweg zur Peredowaja finden wir ein Alpenschneehuhnküken. Die Beine sind kräftig und gefiedert. Sein Kamm ist schon erkennbar. Wenn es sich in die Vegetation duckt, ist es nicht mehr zu sehen – perfekte Anpassung. Wir machen einen großen Bogen um die Stelle, um es nicht zu zertreten.

In der Tolstoi-Hütte angekommen, erwartet uns eine unangenehme Überraschung. Die Hütte ist voll Gestank. Während eines Unwetters hat es reingeregnet. Trotz der zwei offenen Fenster hat die Lüftung nicht gereicht. Unser Vorrat an Lachsen ist zum großen Teil schimmlig oder madig. Schade, der getrocknete Fisch schmeckt sonst sehr gut. Das Fleisch wird hart und kräftig. Wir haben daran wirklich was zu beißen – die ideale Mahlzeit in der Landschaft, wo Kochen nicht immer möglich ist.

Das Schmelzwasser fließt
in vielfältigen Formen ins
Meer.
Every waterfall is different.
The melting snow flows
to the sea.

Die Küstenlandschaft von
Medny ist stark zerklüftet.
The coastal landscape on
Medny is extremely
rugged.

17. August, Mys Tolstoi
Sonnenaufgang, rot
Medny zeichnet sich in seiner vollen Länge deutlich ab. Die Sonne steigt
schnell höher. Ulli „greift" wieder einen Fisch aus der Peredowaja.
Später suche ich Algen im Meer, das mulmig ist und ganz still, 100 000
Mücken. Wieso nennt man das eigentlich schönes Wetter? Ich finde es un-
erträglich, die Sonne scheint hart, erbarmungslos. Erst ein kaltes Bad im
Fluß bringt mir wieder mehr Klarheit im Kopf.
Abends in die Kislaja, vielleicht sind die Aleuten noch da oder haben etwas
Eßbares dagelassen. Unsere Lebensmittel sind sehr knapp.
Wir haben Glück, die Frauen geben uns reichlich Nudeln, Mehl, Reis und
Tee und zeigen uns am Fluß gleich noch, wie man das Netz „eigentlich"
wirft.
Sie haben den Rest von einem feinen Kunstfasernetz mit einem Eisenring
beschwert. Die Lachse bleiben ganz einfach darin hängen. Diese Haarnetze
stammen von japanischen Trawlern, die damit fischen. Für die Meeressäugetiere sind die feinen, türkisfarbenen Fäden nicht sichtbar. Sie haben
keine Chance auszuweichen und verenden darin.
Wir wollen in die Peregrjobnaja-Bucht. Die Ebbefelder tauchen, im Vergleich zum vergangenen Tag, fünfundvierzig Minuten später auf. Das
schenkt uns eine Stunde Schlaf. Trotzdem stehen wir noch in der Dämmerung auf, da es kurz vor unserem geplantem Ziel Stellen gibt, die bei Flut un-
passierbar sind. Wir laufen an steilen Felsen vorbei, die senkrecht aus dem
Meer aufsteigen. Immer wieder hört man Steine fallen. Der Weg ist nicht
ungefährlich und mir unheimlich. Kaum nehme ich mir Zeit, mich umzu-
sehen, zu beobachten und zu fotografieren. Wo es möglich ist, halte ich
respektvoll Abstand von der unberechenbaren, bewegten Landschaft. Die
Ebbe zieht das Wasser heute besonders weit hinaus, dadurch ist Distanz
möglich – ich danke ihr. Drei große Wasserfälle versprühen ihr Wasser
im Wind. In einem zeigt sich ein Regenbogen – ganz kurz und kräftig.
Überall sind Vogelkolonien. In der russischen Sprache heißen sie *Ptitschi*
basar – wörtlich übertragen: Vogelbasar. Klippen- und Dreizehenmöwen,
Eissturmvögel, Lummen und ein paar Hornlunde haben ihre Nester bis in
die Felsspitzen. Sie machen einen solchen Lärm, daß an einem unerwartet
ruhigen Platz die Stille zu dröhnen scheint. Die Klippenmöwen nisten weit
unten, gut sichtbar, manche greifbar. Die Jungen haben zum Teil schon
ihren weichen Flaum gegen ein graues Federkleid, ähnlich dem der Altvögel, eingetauscht und sind fast flügge. Die Alten haben weiße Köpfe und
rote Beine. Kommt eine vom Meer zurück, ist großes Spektakel (Erfahrungs-

austausch?), und die roten Zungen in den gelben Schnäbeln sind zu sehen. Eine Möwe ist aus dem Nest gefallen, ein paar Tage zu früh. Sie kann noch nicht fliegen – aussichtslos gegen den Fuchs. Wir fotografieren sie, dann wird sie betäubt. Ulli ist, neben den Raben, die einzige Konkurrenz der Polarfüchse auf der Insel. Am Abend ist die Möwe mein Modell für Naturstudien. Später wird ihr Federkleid im Dresdner Museum für Naturkunde aufbewahrt werden. Auf einer Insel liegen Seeotter, davor Seehunde. Wir versuchen näherzukommen. Aber die scheuen Robben bemerken uns und rutschen hastig ins Wasser. Das macht auch die Otter aufmerksam und läßt sie ebenfalls flüchten.

Die Peregrjobnaj-Bucht ist sehr schön. Eingeschlossen von Felsen, hat sie an beiden Seiten Stellen, die nur bei niedrigem Wasserstand passierbar sind. In der Hütte sind noch Ullis Spuren vom Winter sichtbar: ein Holzvorrat, Vogelbälge und -knochen und ein paar Lebensmittel. Als wir den ersten Rundgang machen, finden wir zwischen den Steinen am Ufer eine tote Meerscharbe. Sie ist nur noch ein Fragment: ein Flügel, an dem die Federkiele in ihrer Ordnung auf dem Knochen deutlich ablesbar sind; ein Fuß, von dem sich die Haut löst und die Krallen in alle Richtungen spießen; der Schwanz, kaum noch fest; die Haut, am Rücken aufgeschnitten. Konstruktion und Hülle, Form und Inhalt – wozu lernen wir nur all die Theorie, wo wir die Praxis nur zu betrachten brauchen.

Der Fluß Peregrjobnaja erreicht das Meer durch viele große Schwünge und einen kleinen, flachen See, in dem sich Wandersaiblinge aufhalten. Wir bauen unsere Angeln zurecht. Der Blinker ist Silberfolie, in der die Filme verpackt waren. Als Gewicht hängen wir einen Stein mit Loch an die Sehne. Aber die Saiblinge nehmen unsere Konstruktion nicht besonders ernst. Immerhin bemerken sie unsere Angeln und schwimmen dem Stein hinterher. In die Silberfolie wollen sie jedoch nicht beißen – außer einem, der freßgierig genug ist. Leider löst sich in diesem Moment der Knoten, und der Fisch schwimmt mit Haken und Stein davon. Wir sehen das arme Tier noch einige Male vorbeiziehen, immer den Stein hinter sich her schleifend.

Von der Peregrjobnaja laufen wir in die Osjornaja-Bucht. (*Osjornaja* kommt von *Osero* – der See) Hier sind die Felsen noch gigantischer – vielleicht achtzig oder hundert Meter hoch. Danach steigen die grünen Hänge sanfter an. Schnell zieht Morgennebel auf, der sich bis Mittag hält. Meist sind die Felsen nur zu ahnen, aber immer leuchtet die Sonne durch. An manchen Stellen reißt der Nebel plötzlich auf und gibt den Blick frei – wunderschöne Landschaft. Die Flüsse haben jetzt wenig Wasser und schlängeln sich in vielen Windungen bis zum Meer oder versickern kurz

Ein junger Fuchs (Alopex lagopus) beim ersten Ausflug auf das Felswatt. *A young arctic fox on his first walk at low tide.*

149

vorher. In der Osjornaja-Bucht ist ein relativ großer See mit Saiblingen – Ulli angelt wieder vergeblich. Das Ufer des Sees ist stark abgetreppt. Deutlich kann man die unterschiedlichen Wasserstände ablesen. Rentiere sehen wir auch hier nicht, nur ihre Spuren – schade. Aber am Ufer sind Füchse. Eine Fuchsfamilie geht im Nebel spazieren, vielleicht das erste Mal, daß die Jungen aus dem Bau kommen. Trotz der Warnrufe der Mutter kommen wir ganz dicht an einen jungen Fuchs heran.

Auf dem Rückweg entdecken wir hinter einer großen Sanddüne ein riesiges Flußdelta, in dem Gorbuschas und Saiblinge schwimmen. Die Fische scheinen in dem flachen Wasser zum Greifen nah. Die schon träge gewordenen Buckellachse können wir wirklich mit der Hand herausnehmen, bei den Saiblingen hingegen haben wir keine Chance. Flink „wie ein Fisch im Wasser", lassen sie sich nicht in die Enge treiben.

22. August
Von der Peregrjobnaja-Bucht zurück zum Mys Tolstoi.
Die Ebbe kommt jetzt viel später, deswegen lassen wir uns früh Zeit. Sie ist heute sehr ausgeprägt, die Ebbefelder sind weit und lange frei.
Wieder an den steilen Felsen vorbei. Ein Fuchs folgt uns und schreit oder bellt. Die Seeotter sind auf einem Liegeplatz, aber sehr weit draußen. Die kleine Insel ist auch bei Ebbe nicht erreichbar.
Unterwegs finden wir einige große Seesterne, einer hat vierzehn Arme. Ich nehme sie mit und lege sie in Meerwasser. Sie leben noch und breiten sich wieder schön aus. Dann trockne ich sie, mit schlechtem Gewissen. Einige bewegen sich auch auf dem Holz noch, wandern, unsichtbar, aber nach einiger Zeit ist der Ort verändert.
An den Felsen finden wir wieder eine abgestürzte junge Klippenmöwe. Mit blutigem Kopf, völlig benommen, steht sie am Wasser. Stark verletzt hat sie doch noch viel Lebenskraft in sich. Ulli betäubt sie… Später findet er einen gebrochenen Schädel in der Möwe vor.

24. August, Mys Tolstoi
…Abends gehen wir noch nach den Pilzen sehen und bringen einen riesengroßen Beutel voll von Maronen, Steinpilzen, Birkenpilzen und Rotkappen mit – in Rußland ist alles größer.

25. August

Wunderschöner Mondaufgang, der Mond ist eine orangene Scheibe, von Wolkenadern durchzogen … Wir phantasieren über eine Ausstellung. Fischhäute – mehrere in einen großen Rahmen genäht, Vogelköpfe, Glasbojen – am Ende der Ausstellung schwimmen lassen, auf der Elbe … wäre schön. Am Ufer waren wieder viele tote Vögel. Es ist immer noch Mauserzeit, sie können schlecht oder nicht fliegen – fallen dem Fuchs zum Opfer, der den Kopf frißt … einige waren noch ganz.

26. August

… Das Wetter wird immer stürmischer, abends im Sturm „Spaziergang", Holz sammeln. Der Wind bläst mich fast um, der Sand fliegt hart ins Gesicht. Ich finde eine tote Schneeammer am Strand, wo die Vegetation beginnt. Sie ist deutlich und kontrastreich schwarzweiß gezeichnet. An derselben Stelle lag vor einiger Zeit schon eine …

Wie immer werden wir von unseren Freunden liebevoll empfangen. Diesmal gibt es Neuigkeiten im Dorf. Olgas und Dimas Sohn ist nach Südrußland gefahren, um dort eine Ausbildung zu beginnen. Eigentlich hatte sich Mischa um ein Militärstudium beworben. Aus gesundheitlichen Gründen war das nicht möglich. Jetzt ist er in der Heimat seiner Eltern, die sich nun, ohne Kinder, auf der Insel verwaist vorkommen. Ihre Tochter Suscha zog schon vor einem Jahr zu ihrer Großmutter nach Südrußland, um dort die Schule zu besuchen. Sie sollte mehr erfahren als nur das einseitige, isolierte Inselleben. Es ist in Rußland weit verbreitet, daß die Kinder bei ihren Großeltern aufwachsen und die Eltern in einer anderen Gegend arbeiten. Die Erschließung des riesigen Landes brachte dies mit sich.

Wieder im Dorf

Metamorphose. Tusche
Metamorphosis.
Black ink

Als Beispiel seien nur solche großen Vorhaben wie der Bau der Baikal-Amur-Magistrale oder der Transsibirischen Eisenbahnlinie genannt. Olga und Dima sahen als Polygraphiestudenten kurz vor dem Diplom einen Bericht über die Beringinsel im Fernsehen. War es Glück? Ende der siebziger Jahre wurden dort Leute gesucht, die an der Aleutenzeitung mitarbeiten sollten. Olga und Dima Utkin entschlossen sich schnell, aus ihrer südrussischen Heimat nach Nordostasien umzusiedeln. Das Abenteuer einer Insel lockte, aber auch die Aussicht, endlich eine eigene Wohnung zu haben und aus den doktrinären Internaten auszuziehen, war ein entscheidendes Argument.

Nach dem die Zeitung endgültig eingestellt war, fand Olga im Kontor des Elektrizitätswerkes Arbeit und Dima bei der Naturschutzbehörde. Olga hat Fuß gefaßt auf der Insel. Sie ist ihr zur zweiten Heimat geworden. Hier sind ihre Kinder geboren und aufgewachsen. Hier hat sie Freundinnen. Für mich ist immer wieder bemerkenswert, wie die Frauen hier leben. Trotz der wenigen Menschen, dem rauhen Klima und den schlammigen Straßen machen sie sich ausgesprochen schön. Olga hat sich ein rotes Kleid gestrickt. (nach einem Modell einer westeuropäischen Handarbeitszeitung, die auch in russischer Sprache erscheint). Sie zeigt es mir stolz und trägt dazu knallroten Lippenstift – ich bin begeistert.

Ein paar junge Mädchen gehen zusammen auf der holprigen Betonstraße im Dorf spazieren. Sie tragen trotz des kalten Windes kurze Faltenröcke und, bestimmt sündhaft teure, Feinstrumpfhosen. Die Jungen fahren mit den Motorrädern ihrer Väter laut knatternd vorbei.

Während unserer Abwesenheit sind zwei Kanadierinnen in Nikolskoje angekommen. Sie arbeiteten vierzehn Jahre auf den Pribylow-Inseln und wollen ihr Projekt jetzt auf dieser Seite des Beringmeers fortsetzen. Lange hat es gedauert, bis sie eine Einreisemöglichkeit nach Rußland fanden. Vorher knüpften sie offizielle Kontakte zum Petropawlowsker Ökologischen Institut. Sie sprechen kaum ein Wort Russisch und werden in erster Linie „ausgenommen". Ihr ökologisches Projekt wird nicht sehr ernst genommen. Für viele sind sie „Wissenschaftstouristen", von denen man für jede noch so kleine Leistung Geld bekommt. Die beiden Frauen nehmen es locker und mit Humor, haben die Gelassenheit, die Dinge kommen zu lassen, aber auch die Energie und Kraft, sich durchzusetzen. Während Ulli fast alle Männer im Dorf kennt, knüpfen sie Verbindungen zu den Frauen. Schnell entsteht eine Art Netzwerk, auch wenn nur wenige Frauen englisch sprechen. Die einen erzählen den Kanadierinnen alte Legenden, andere berichten Neuigkeiten oder bringen ein paar Lebensmittel. Auf alle Fälle erreichen sie so sehr viel mehr als über die starren Institutionen und die Abhängigkeit von den dort beschäftigten unbeweglichen Männern.

Im Dorf
In the village.

Ein anderer Abstecher führt uns von Nikolskoje aus zur vorgelagerten Vogelinsel. Wir haben lange auf günstiges Wetter gewartet. Die See muß ganz ruhig sein. Nachdem sich der letzte Nebel verzogen hat, paddeln wir los. Wir haben uns Sergejs Boot geliehen. Er hat es nach Art der aleutischen Baidarkas gebaut. Baidarkas haben ein Skelett aus Weiden- oder Nadelholz, das mit der Haut vom Walroß oder Seebär überzogen wird. Die gefirnißte Leinwand, die Sergejs Boot umspannt, gleitet bei weitem nicht so schnell durchs Wasser wie die früheren Vorbilder. Auch die Ruder hat Sergej konstruiert. Sie sind schwer, und das Wasser läuft daran herunter, auf direk-

Die Insel Toporkow

Vogelzug.
Tuschezeichnung
Bird migration.
Black ink drawing

tem Weg in meinen Ärmel. Aber Perfektion ist langweilig und hier sowieso nicht möglich. Mit seiner Findigkeit ist er eine seltene Ausnahme und wird von den anderen mitunter belächelt. Immerhin, sein Aktionsradius weitet sich um einige Meilen in die See. Während der Sowjetmacht war der Besitz eines Bootes im Sperrgebiet unerwünscht. Auch heute noch ist das Motorrad das einzige private Fortbewegungsmittel, gebunden an die wenigen Kilometer Straße und eingeschränkt vom teuren Benzinkontingent. Wie so oft warten die Inselbewohner auch in diesem Fall auf ein Wunder von außen, um ihre Isolation zu durchbrechen.

Bei Sonnenschein paddeln wir zwei Kilometer ins offene Meer hinaus. Je weiter wir uns vom Ufer entfernen, um so größer werden die Wellen. Jetzt verstehe ich Sergejs Hinweis, unbedingt auf relative Windstille zu warten. Manchmal ist die Insel vor uns greifbar nah, und manchmal sehen wir nur Meer und Himmel.

Die Insel Toporkoff besteht aus einem eruptiven Gestein, das sich überall nach den Ufern hin, einige zwanzig Ellen über dem höchsten Wasserstande, in Form steiler, niedriger und zerrissener Wände von 5–15 m Höhe, die an verschiedenen Stellen verschieden ist, erhebt. Oberhalb dieser steilen Bergwände bildet die Oberfläche der Insel eine Ebene, und was unterhalb derselben liegt, bildet ein langsam abfallendes Ufer (…) Die Vegetation auf dieser kleinen Insel vereinigt eine höchst ungewöhnliche Armuth an Arten mit einem hohen Grad von Ueppigkeit.

Die Hochebene ist mit Gras bewachsen und von Erdhöhlen übersät, in denen tausende Gelbschopflunde brüten. Nordenskiöld schreibt weiter:
Sie hatten ihren Aufenthalt auf der obern Ebene, wo sie überall kurze,

154

tiefe und ungewöhnlich breite, mit zwei Oeffnungen versehene Gänge zum Schlafen ausgegraben hatten.

Über die Ebene zu laufen ist nicht ratsam. Sie ist von den Höhlen völlig untergraben. Bei jedem Schritt stolpert man oder sinkt ein. Außerdem sitzen in einigen Nestern auch noch Vögel. Wir hören merkwürdige dunkle Geräusche. Nach kurzer Zeit taucht ein Kopf aus einer Erdhöhle, mit weißem Gesicht und schwarzer Kappe, rotgeränderten Augen und imposanten gelben Federn rechts und links. In der Mitte sitzt ein kräftiger roter Schnabel – eine Mischung aus Punk und Clown. Neugierig sieht er sich nach allen Seiten um.

Die an Land und in der Luft sehr unbeholfen wirkenden Vögel sind hervorragende Taucher und Fischer. Zwischen den Grasbüscheln haben sie regelrechte Straßen getreten, die ihnen als Startbahn dienen. Mit eingezogenem Kopf und ausgebreiteten Flügeln nehmen sie Anlauf, ohne sich dabei von Hindernissen wie Grasbüscheln oder Sträuchern, gegen die sie immer

Eine Gruppe Gelbschopflunde (Lunda cirrhata).
A group of tufted puffins.

wieder prallen und die sie aus der Bahn werfen, beeindrucken zu lassen. Haben sie erst einmal genügend Luft unter ihren kurzen Flügeln, schwingen sie sie heftig und kräftig auf und ab.

Am Strand finden wir zwischen den Steinen viele Nester der Beringmöwen, die zu dieser Jahreszeit schon verlassen sind. Die kleine Insel, auf der es keine Füchse gibt, ist ein Paradies für die am Boden brütenden Vögel. In einer geschützten Bucht liegen Seehunde. Diesmal komme ich sehr nah an die scheuen Tiere heran, bis sie mich bemerken. Sofort reißen alle Hals über Kopf aus – außer einem noch sehr jungen, der mich mit großen Augen ansieht. Vorsichtig komme ich bis auf zehn Meter an ihn heran, dann ist das Wasser tiefer, als meine Watstiefel hoch sind. Als ich eine schnelle Bewegung mache, taucht er hastig weg. Sicher war das seine erste Begegnung mit Menschen.

Die Sonne sinkt langsam tiefer, über der Beringinsel sammeln sich Wolken. An jedem der Tafelberge bleibt ein Fetzen davon hängen. Wir „versuchen", uns auf den Rückweg zu machen. Als wir ins Baidarka steigen, kippt uns eine große Welle einfach um. Kopf unten, Schwimmweste oben, komme ich nur mühsam auf die Beine. Wir hieven das schwere Boot voll Wasser und Gepäck vorsichtig über die Steine ans Ufer. Beim nächsten Versuch, der besser gelingt, stellen wir nach kurzer Zeit fest, daß zuviel Wasser im Boot ist. Den dritten Versuch macht Ulli allein, ohne Gepäck, um zu prüfen, ob das Boot noch dicht ist. Ich ziehe mir inzwischen zum Aufwärmen trockene Sachen an. Wir haben Glück, das Wasser ist nur von oben reingelaufen. Schnell, wegen den höher werdenden Wellen, die uns immer wieder Richtung Norden abtreiben, der hereinbrechenden Nacht und unseren nassen Klamotten, rudern wir nach Nikolskoje zurück. Die Bewegung wärmt uns auf. Wir sehen, wie sich die letzten Strahlen der versinkenden Sonne in den Fensterscheiben des Dorfes spiegeln. Hinter uns verschwindet alles in Wolken, die ebenfalls malerisch angestrahlt sind. Als wir im Dorf ankommen, ist es bereits dunkel. Ich bin kaputt und durchfroren. Ein Feuer und heißer Tee im Bootshaus wecken meine Lebensgeister wieder. Den Luxus haben wir in der Wohnung nicht. Jetzt, wo es kalt wird, werden in einem großen Teil der Häuser die Heizungen repariert. Das bedeutet, daß sie für Wochen abgestellt sind.

Kaum sind wir angekommen, findet sich schon der erste Besucher ein. Gena (die Kurzform von Gennadi) hat unsere Rückfahrt beobachtet. Er hilft uns, das Boot auszuleeren und hochzuhängen. Von ihm erfahren wir auch, daß unsere Aktion für die Dorfbewohner, die ein Fernglas besitzen, eine willkommene Ergänzung zum Fernsehprogramm war. Noch bevor wir wieder angelegt hatten, wußten alle über unser Abenteuer Bescheid.

Ratten an der Westküste Wir machen uns auf den Weg zur Poludennaja-Bucht. Ein Fahrzeug nimmt uns einen großen Teil der Strecke mit. Der Jeep fährt in einer alten, breiten Wesdechodspur und zum Teil auch am Strand. An einem unpassierbaren Riff setzt er uns ab. Auch hier sind steile Felsen, aber sie sind nur ungefähr zehn Meter hoch. Hinter einer Wand verbirgt sich ein Wasserfall. *Was die Subjekte des dreifachen Naturreiches anbetrifft, die sich auf diesem Eiland befinden, so ist unstreitig das vortreffliche und gesunde Wasser unter den mineralischen Dingen das vornehmste (…) Unter den Bächen dieser Insel sind sehr viele, die von hohen Klippen und Bergen mit großem Geräusch herunterstürzen und schöne Aussichten bieten. Einen Bach habe ich wahrgenommen, der über einen wie eine breite Treppe ausgehöhlten Felsen stufenweise herunterfällt, nicht anders, als ob solches mit Fleiß durch die Kunst bewerkstelligt wäre.*
Die Hütte ist leer, vor kurzem verlassen. Es sind noch Lebensmittel darin, und überall in der Landschaft sind Fußspuren. Ich laufe den Berg hoch. Hier gibt es nur sehr wenig Pilze, aber dafür viele zuckersüße Blaubeeren. Unversehens ist es Herbst geworden. Allmählich färbt sich die Tundra rot. Ich bin schon seit dem Frühling hier. Die Zeit vergeht wie im Flug.

3. September
Wandersaiblinghaut getrocknet, sehr zart, schimmert im Licht mit rosa Punkten, Ulli hat das Angelfieber gepackt, eigentlich wollen wir ins Tal reinlaufen, aber er fällt erst mal ins Wasser, als er den Blinker, der sich verhakt hat, holen will. Also zurück, umziehen, Saiblinge braten, noch eine Haut trocknen und wieder los. Das Tal ist sehr schön. Es gibt viele kleine Seen. In einem wächst die Isoetis (Brachsenkraut), eine uralte Pflanze, die sich in vulkanischem Gebiet aufhält. Wir sehen viele Saiblinge, auch Kischutsch. Es gibt Moltebeeren und jede Menge Heidelbeeren und berauschende Rauschebeeren.
Am Hang äsen zwei alte Rentiere mit kapitalen Geweihen, weißer Mähne und dunklem Fell. Wir kommen ziemlich dicht heran. Wenn wir uns nicht rühren, kommen sie allmählich näher, können nicht erkennen, was da ist, und äsen weiter… Abends gibt es neue Experimente: in Folie gebackene Saiblinge, mit Kräutern gefüllt, und Bratkartoffeln!! Wir haben 5 Kartoffeln gefunden.

5. September

Auch heute wieder Regen, den ganzen Tag regnet es gleichmäßig durch. Der Wind bläst mal mehr und mal weniger. Zeit zu schlafen und Zeit zu zeichnen. Diesmal zeichne ich Lachse… durch die Gräten haben sie schon ihren Rhythmus… Nachts werden wir von Ratten geweckt. Ulli hat sie mit der Taschenlampe beobachtet. Seine vorsichtigen Verscheuchungsversuche, um mich nicht zu wecken, ignorieren sie einfach. Ich werde sofort hellwach, als mir eine über das Gesicht läuft. Eine andere rennt in ihrer Panik in den Schlafsack, in dem wir beide nackt liegen.

Wir haben zwei Schlafsäcke durch den Reißverschluß gekoppelt. Gleich am Anfang unseres Zusammenseins hatte er sich verklemmt, so daß es nur mit einem Messer möglich gewesen wäre die Schlafsäcke zu trennen. Wink des Schicksals? Bei unseren Trennungsversuchen hatten wir ein Loch reingerissen. Zu unserem Glück fand die Ratte dieses Loch sofort und sprang unten wieder raus, ohne zuzubeißen. Schnell ziehen wir uns an, bauen das Zelt auf der breiten Holzpritsche auf, ziehen den Reißverschluß fest zu und schlafen ohne viel Panik weiter.

Am nächsten Morgen sehen wir, wie die Ratten die Hütte umgeräumt haben. Im Vorraum ist alles durcheinandergeworfen. Ein alter, stinkender Fisch, den ich zeichnen wollte, ist völlig zernagt. Den Besuch haben wir dem Regen und dem Direktor des Nationalparks zu verdanken, der zuletzt in der Hütte war. Als echter Städter hat er Mehl und Nudeln auf dem Fußboden gelagert. Den Ratten war das eine willkommene Mahlzeit. Gleich neben ihrer Tafel stand unsere Pritsche.

6. September

Früh laufen wir zum Stellerbogen am Strand entlang. Das Meer ist sehr bewegt, und die Ebbe zeigt sich kaum. An manchen Riffen ist es schwer vorbeizukommen, aber es gibt auch einen Tropinka oberhalb der Steilküste. Der Stellerbogen ist ein riesiges Tor aus Stein, steht einfach da, nicht schön und nicht häßlich, aber berühmt. Die steilen Felsen drumherum, die spitz und schroff sind, haben viel mehr Dynamik. Ein paar hundert Meter weiter ist ein breiter Wasserfall. Auch dort gibt es Buckellachse, obwohl zwischen Meer und Wasserfall nur zehn Meter sind. Zurück laufen wir durch die Tundra. Sie ist sehr sumpfig nach dem Regen, überall Tümpel. Die wenigen Pilze, die wir finden, sind oft an der Wetterseite angefault. Wie so oft hängen über der Insel dunkle Wolken, die sich am Meer zerteilen. Überall um uns herum regnet es mal, aber wir werden den ganzen Tag nicht naß.

7. September, Podutjosnaja

Den ersten Vogel präpariert, leider lag er schon lange im Wasser und ist sehr aufgeweicht, stinkt mörderisch. Den Geruch werde ich ewig nicht wieder los… Am Abend ist phantastisches Licht… Wir laufen schnell den Berg hoch. Oben ist die Tundra angestrahlt, die Berge leuchten ocker, dahinter türmen sich dunkle Wolken auf. Vor den Wolken – ein Regenbogen, ganz kurz, breit und kräftig.

Dann verschwindet die Sonne hinter einer Wolkenwand, läßt die Ränder leuchten. Die inzwischen rote Tundra wird kälter. Die Berge glühen noch eine Weile nach.

In der Hütte braten wir Pilze, die wir im Sonnenuntergang gefunden haben. Es gibt immer noch Mücken, und die Hütte ist sehr undicht. Obwohl sie oft als Rybalka genutzt wird, repariert sie niemand. Wir schlafen im Zelt.

8. September

Auf dem Weg nach Nikolskoje. Das Wetter sieht fast den ganzen Tag aus wie kurz vorm Regen. Aber außer Niesel erreicht uns nichts. Wir laufen mehr als dreißig Kilometer, mal am Strand, meist in einer Tanketkaspur. Zwischendurch sehen wir einen Mann mit Motorrad. Als ich ihm von weitem winke, hält er sofort an, fängt ein Gespräch an, erzählt von seiner Familie und will von unserer wissen. Er wirkt arm und riecht nach Alkohol. Jetzt ist er unterwegs zum Fischen. Froh, Gesellschaft zu haben, holt er eine mit Papier zugestöpselte Flasche Wodka aus dem Rucksack und aus der Tasche ein Gläschen, was beim Wodkatrinken sehr wichtig ist. Er will uns kaum wieder ziehen lassen. Als wir unseren Weg endlich fortsetzen, kommt er nach einer Weile hinterher und fragt, ob er mich nicht lieber ins Dorf fahren soll. Aber das ist weder nötig, noch wegen des knappen, teuren Benzins zumutbar…

Langsam wird es Zeit für uns, die Insel zu verlassen. Den Herbst mit seinen Stürmen werden wir leider nicht mehr erleben. Schon am ersten geplanten Abflugtag kommt das Flugzeug wirklich aus Kamtschatka an und landet nur eine Stunde verspätet. Traurig und erfreut zugleich steigen wir zusammen mit acht weiteren Passagieren ein. Nachdem mehr als eine Stunde vergangen ist, kommt der Pilot und startet. Leider jedoch nur, um über den Platz zu fahren und uns mitzuteilen, daß er heute nicht fliegen wird. Auf meine Frage, was los ist, fragt er nur zurück, warum ich es so eilig habe. Dann erklärt er noch, daß starker Wind in Petropawlowsk sei. Dort warten inzwischen unsere Freunde, stundenlang, ohne eine Information, bei ungewöhnlich schönem Wetter und Windstille. Natürlich gibt es auch kein Fahrzeug, das ins fünf Kilometer entfernte Nikolskoje zurückfährt. Ohne Widerspruch machen sich alle zu Fuß auf den Weg, zu den bereits verabschiedeten Freunden und Verwandten. Wir laufen am Ufer entlang – nehmen ebenfalls Abschied. Das Meer gibt eine Sondervorstellung – große Wellen sprühen hoch auf, als sie auf das Nikolskojer Riff prallen. Am nächsten Tag erfahren wir: Der Pilot wollte Pilze suchen. Wahrscheinlich hat er genug gefunden, denn diesmal fliegt die Maschine ab.

Abschied

Die Riffe auf Medny bestehen aus scharfkantigem Lavagestein.
The reef at Medny consists of sharp edged lava.

Der über das Jahr
sinkende Wasserstand
des Osernaja Sees
hinterläßt Stufen im Ufer.
*As the water level drops
each year steps are
created on the shoreline.*

Auffliegender Möwen-
schwarm.
Gulls take off in flight.

Ebbe in der Peregrjobnaja.
*Low tide in
Peregryobnaya.*

Wolkenfelder strömen durch die Täler der Medny-Insel.
Banks of clouds stream through the valley at Medny Island.

Orthodoxe Kreuze bleiben vom früheren Dorf Preobraschenskoje zurück.
The orthodox cross remains to remind us of a former tiny village Preobrashenskoje.

163

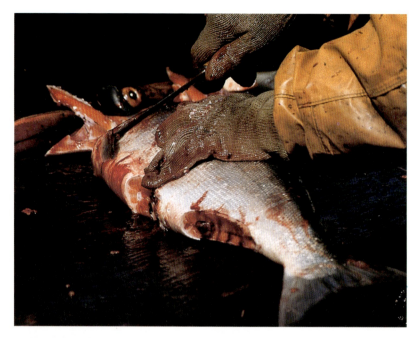

Zuerst wird der Lachs aufgeschnitten, um die Eier zu entnehmen.
At first the Salmon are cut open and the eggs are removed.

Aufgespannte Haut des Nerka.
Stretched skin of Nerka. (Sockey salmon)

Die Fischeier bleiben ▷ für einige Minuten im Salzbad. Die Dauer dieses Bades entscheidet über die Haltbarkeit.
The fisheggs are left in salted Water. The preservation of the eggs depends on the length of stay in the salt bath.

Das Fleisch wird von der Mittelgräte abgestriffen und zu Filetstücken verarbeitet.
The fish are then filleted.

Lachsmumie.   Aleuten beim Fischen.
Salmon mummy.   *Aleuts fishing.*

Rentierskelett in der Tundra.
Caribou skeleton in the tundra.

Ein Gelbschopflund
(Lunda cirrhata) schaut
aus seinem Brutloch.
*A tufed puffin shows off
his broading place.*

Der erste Blick nach dem
Schlaf.
First glimpse after sleep.

166

Typische
Seebärenkolonie:
In der Mitte – der
Haremsbulle, um ihn die
Seebärkühe, am Rand
der Kindergarten, und
außen die Wächter.
The bull in the middle is
surrounded by females
with the kindergarten on
the border and the
watchmen on the outer.

Seelöwenharem
(Eumetopias jubatus).
Harem of sea lions.

Errötender Polarfuchs.
Tusche und Kreide
Red faced arctic fox.

Vogelzeichen. Tusche
Symbols of birds.
Black ink.

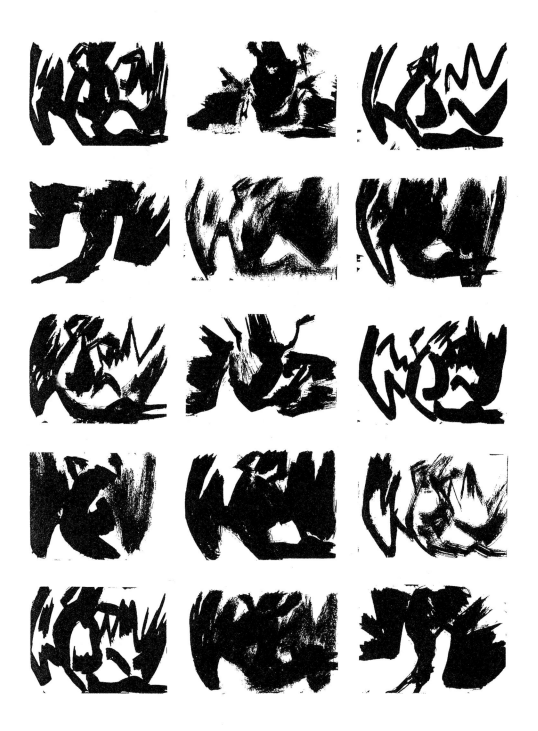

Andreas Tretner
Anstelle eines Sonnenuntergangs
(Widmung in drei Fluchtpunkten)

1 BUCHT KOMANDOR

Liebe Karen, lieber Uli, Euer Manuskript liegt vor mir und daneben mein
eignes Tagebuch, welches am 3. Juli 1992 von diesem Bericht abzweigt.
Auf unseren kurzen, „männlichen" Abschied nach sechs gemeinsamen
Inselwochen folgte einer der nachhaltigsten Tage der Reise: ein einsamer
30-Kilometer-Marsch von der furiosen Polowina-Bucht im Osten nach der
stillen, bezwingend majestätischen Gladkowskaja im Westen, wo die
Schreie der Eissturmvögel und meine eigenen im steinernen Halbrund ein
je zweifaches Echo hervorriefen, und weiter im strömenden Regen nord-
wärts, zur Poludennaja. Die Ankunft in der Hütte, wo der Ofen glühte und
Viktors Schuljungen experimentierten, wieviel Quentchen Strom aus den
längst leergefressenen Monozellen ihres klapprigen Kassettenrecorders
noch herauszuholen waren, wenn man sie in die heiße Backröhre stellte…
Wie könnte ich das vergessen.
Allerdings war jener 3. Juli auch schon der Beginn eines geordneten
Rückzugs.

2 RUSSISCHES MUSEUM, SANKT PETERSBURG

Letzter Ausstellungstag, letzte Stunde. Letzter Gast: zurück aus dem
Osten. So sehr Osten, daß er ans „Westlichste aller Länder" grenzt.

Beuys. Бойс. Не бойся (Fürchte dich nicht.)
Eintritt in die *INNERE MONGOLEI.*
Unverhoffte Bündelung von Gratlinien und Kraftfeldern jüngster,
konzentrierter Lebenszeit. Ich bin gebannt.

MENSCH IM GEBIRGE.

DIE DIE ERDE ANHÖREN.

(DAS DENKEN: Zwischen dem weißen Gipfel und dem kauernden nack-
ten Menschen ein „Fenster". Filter, das die Glut der Sonne zurückpolari-
siert auf ein scharfes, kaltes Sonnenbild. Einsamkeit.)

Arbeitsplätze, Kultstätten. Beuys' Augenmerk auf die sichere Statik der
Gerüste (für Zelt, Hogan, Wiege, Honigschleuder). Assoziationen zu den

171

korjakischen Stangendörfern in den alten Fotoalben des Museums von Milkowo/Kamtschatka.

Ein Sich-Verborgen-Halten des spürbar anwesenden Inneren, seine *EMANATION*. Die braunen Figuren wie im Gegenlicht. Verhüllt die Gesichter, verwischt die Bewegungen, eine geheimnisvolle Identität. Aus den kompakt ausgemalten Flächen – den »Häusern«, den »Filzplastiken« etc. – tritt ein vages Strahlen, Ausfällungen, ein Schmelz.

KOCHTOPF – ERDLOCH: beinahe idyllische Paßform. Wärmetausch. Vor wenigen Tagen stand ich auf den jungen Nebenkratern des Vulkans Tolbatschik, spürte unter den dünnen Sohlen, der dünnen Kruste von Schlacke und Stein die Glut. Hier war die Haut der Erde nicht älter als meine.

DER SCHAMANE. Anziehung und Abstoßung in einem Atem. An der Stirnseite des Raumes hängt der *MANGKOL OST-WEST* – Kompilation aus Sonne und Kreuz.

3 BUCHHANDLUNG RICHTER, DRESDEN-NEUSTADT

Die Bilder des Malers Wannhoff im vorigen Jahr: Blick auf ein verlorenes Paradies. *ALS DIE TIERE NOCH MENSCHEN WAREN* und nahe. Als wir noch mit ihnen sprachen, uns anvertrauten, Antwort erwarteten.

Ren und Rabe, ein Paar. Letzterer der Klügere, Dynamischere von beiden. Er ist es, der das Verhältnis zwischen ihnen artikuliert, das Kontra setzt. Aber das Ren ist die Mitte.

Hier nun: *FISCHE UND VÖGEL* (Lachs und Scharbe). Die vehemente Präsenz des Todes in der Vertikale. Rippen, tote Grätenbäume, gebrochene Schwingen. Hängen post mortem und im Rahmen: ein doppeltes Ordnungsverfahren. Auch dies als Wiederannäherung.

Stoffwechselprozesse setzen sich fort in den verwendeten Materialien: Seehundfett, Ruß. Darauf die klaren Kreide- und Buntstiftfarben: Rot (rot und tot), gelb, blau. Seltsame Abwesenheit von Grün, das sich erst auf der Netzhaut sedimentiert.

Uli Wannhoffs Strich, seine Schwünge gründen auf das Auge des Anatomen und die Schule des Sammlers. Dazu das Ornament, das beiläufig entdeckte – Weisheit aus langen Zeitspannen natürlicher Lebensweise.

Das geht ganz unkompliziert ineinander, unprätentiös. Naiv? Ich weiß nicht. Eher: organisch. Vitales Sonnengeflecht.

Wannhoff geht die alten, bis zur Unkenntlichkeit überwucherten Pfade konzentriert und entschlossen. Dem Anschein nach kaum Fehltritte. Eine Sicherheit, die ans Traumwandlerische grenzt.

Karen Törmer auf der gleichen Wanderung. Parallele Wege, ein anderes Schrittmaß, andere Pausen, Gewichtsverlagerungen. Am eindrucksvollsten die *VOGELZEICHEN*-Sequenz: Fokussierungsversuche im verebbenden Puls der Kreatur.

In diesem Buch sind nicht nur zweie vereint, in ihm ist sehr viel beisammen. Möge keiner versuchen, die Gräten aus dem lebendigen Fisch zu ziehen.

Verzeichnis der beobachteten oder gefundenen Tiere auf den Kommandeurinseln

Weichtiere	Mollusca	Mollusc
Familie der Mützenschnecken *Collisella spec.*	*Acmaidae*	Limpets
Familie der Strandschnecken *Littorina squalida*	*Littorinidae*	Periwinkles
Familie der Nabelschnecken *Cryptonatica janthostoma*	*Naticidae*	Moon Shells
Familie der Tritonshörner *Fusitriton oregonense*	*Cymatiidae*	Tritons
Familie der Purpurschnecken *Nucella spec.*	*Thaidiae*	Dogwinkle
Familie der Miesmuscheln *Mytilus edulis* *Crenomyttilus graynanus*	*Mytilidae*	Mactras
Familie der Austern *Crassostrea gigas*	*Ostreidae*	True Oysterers
Familie Astartidae *Astarte spec.*	*Astartidae*	Astartes
Familie der Herzmuscheln *Clinocardium californiense* *Clinocardium nuttalli*	*Cardiidae*	Cockles
Familie der Trogmuscheln *Spisula voyi*	*Mactridae*	Mactras
Familie Cultellidae *Siliquaa alta* *Periostracum spec.*	*Cultellidae*	Razor Clams
Familie der Tellmuscheln *Tellina lutea* *Macoma spec.*	*Tellinidae*	Tellins
Familie der Venusmuscheln *Novathaca staminea*	*Veneridae*	Venus Clams
Familie der Klaffmuscheln *Mya spec.*	*Myidae*	Soft-Shell Clams
Familie Trichotropidae Trichotropis insignis	*Trichotropidae*	Hariry-Shell

Fische	Pisces		Fishes
Familie der Lachse	Salmonoidea		Salmon
Buckellachs	*Oncorhynchus gorbuscha*		Pink salmon
Blaurückenlachs	*Oncorhynchus nerka*		Sockey salmon
Quinnat	*Oncorhynchus tschawytscha*		King salmon
Kischutsch	*Oncorhynchus kisutch*		Coho salmon
Wandersaibling	*Salvelinus malma*		

Alle wurden selbst gefangen und sind im Geschmack vorzüglich

Vögel	Aves		Birds
Wintergäste			Winter Visitors
Singschwan	*Cygnus cygnus*		Whooper Swan
Pfeifente	*Anas penelope*		Wigeon
Schellente	*Bucephala clangula*		Common Goldeneye
Bergente	*Aythya marila*		Greater Scaup
Reiherente	*Aythya fuligula*		Tufted Duck
Eisente	*Clangula hyemalis*		Oldsquaw
Spießente	*Anas acuta*		Pintail
Prachteiderente	*Somateria spectabilis*		King Eider
Scheckente	*Polysticte stelleri*		Stellers Eider
Schneeule	*Nyctea scandiaca*		Snowy Owl
Birkenzeisig	*Acanthis flammea*		Redpoll
Vorüberziehende Vögel			Regular Migrants
Steinwälzer	*Arenaria interpres*		Turnstone
Goldregenpfeifer	*Pluvialis apricaria*		Golden Plover
Pfuhlschnepfe	*Limosa lapponica*		Bar-tailed Godwit
Dunkelwasserläufer	*Tringa erytrhopus*		Spotted Redshank
Grünschenkel	*Tringa nebularia*		Greenshank
Flußuferläufer	*Actitis hypoleucus*		Common Sandpiper
Baird-Strandläufer	*Calidris bàidii*		Bairds Sandpiper
Rotkehlstrandläufer	*Calidris ruficollis*		Rednecked Stint
Falkenraubmöwe	*Stercorarius longicaudus*		Long-tailed Jaeger
Lachmöwe	*Larus ridibundus*		Black-headed Gull
Kamtschatkamöwe	*Larus schistisagus*		Kamchatka Gull
Rotkehlpieper	*Anthus cervina*		Red-throated Pipit
Bergfink	*Fringilla montifringilla*		Brambling
Karmingimpel	*Carpodacus erythrinus*		Scarlet Grosbeak

Brutvögel		Breeding Birds
Sterntaucher	*Gavia stellata*	Red-throated Loon
Prachttaucher	*Gavia arctica*	Arctic Loon
Eissturmvogel	*Fulmarus glacialis*	Fulmar
Brillenmeerscharbe	*Phalacrocorax †*	Pallas Cormorant
Rotgesichtmeerscharbe	*Phalacrocorax urile*	Red-faced Cormorant
Beringmeerscharbe	*Phalacrocorax pelagicus*	Pelagic Cormorant
Stockente	*Anas plathyrhynchos*	Mallard
Krickente	*Anas crecca*	Teal
Kragenente	*Histronicus histronicus*	Harlequin Duck
Eiderente	*Somateria mollissima*	Common Eider
Wanderfalke	*Falco peregrinus*	Peregrine Falcon
Alpenschneehuhn	*Lagopus mutus*	Rock Ptarmigan
Alpenstrandläufer	*Calidris alpina*	Dunlin
Beringstrandläufer	*Calidris ptilocmenis*	Rock Sandpiper
Odinshühnchen	*Phalaropus lobatus*	Red-necked Phalarope
Mongolenregenpfeifer	*Charadrius mongolus*	Mongalian Plover
Bekassine	*Gallinago gallinago*	Common spine
Waldwasserläufer	*Tringa ochropus*	Green Sandpiper
Bruchwasserläufer	*Tringa glareola*	Wood Sandpiper
Schmarotzerraubmöwe	*Stercorarius parasiticus*	Parasitic Jaeger
Beringmöwe	*Larus glaucescens*	Glaucous-winged Gull
Dreizehenmöwe	*Rissa tridactyla*	Kittiwake
Klippenmöwe	*Rissa brevirostris*	Red-legged Kittiwake
Dickschnabellumme	*Uria lomvia*	Thick-billed Murre
Trottellumme	*Uria aalge*	Common Murre
Taubenteiste	*Cepphus columba*	Pigeon Guillemot
Hornlund	*Fratecula corniculata*	Horned Puffin
Gelbschopflund	*Lunda cirrhata*	Tufted Puffin
Schopfalk	*Aethia cristatella*	Crested Auklet
Petschorapieper	*Anthus gustavi*	Pechora Pipit
Schafstelze	*Motacilla flava*	Yellow Wagtail
Kamtschatkastelze	*Motacilla lugens*	Kamchatka Wagteil
Zaunkönig	*Troglodytes troglodytes*	Wren
Taigarubinkehlchen	*Calliope calliope*	Siberian Rubythroat
Kolkrabe	*Corvus corax*	Raven
Feldsperling	*Passer montanus*	Tree Sparrow
Rosenbauchschneegimpel	*Leucosticte thephrocotis*	Gray-crowned Leucosticte
Spornammer	*Calcarius lapponicus*	Lapland Longspur
Schneeammer	*Plectrophenax nivalis*	Snow Bunting

Säugetiere	Mammalia	Memels
Polarrötelmaus	*Clectrionomus rutulis*	Northernred-backed Vole
Wanderratte	*Rattus norvegicus*	Common Rat
Hausmaus	*Mus musculus*	House Mouse
Polarfuchs	*Alopex lagopus*	Arctic Fox
Mink	*Mustela vision*	Amerikan Mink
Seeotter	*Enhydra lutris*	Sea Otter
Seelöwe	*Eumetopias jubatus*	Sea Lion
Seebär	*Callorhinus ursinus*	Fur Seal
Seehund	*Phoca vitulina*	Common Seal
Delphin	*Delphinus delphis*	Common Dolphin
Nordisches Ren	*Rangifer tarandus*	Caribou

Übersetzung der im Text verwendeten russischen Wörter
(nach unserem Verständnis)

Arka Stellera	Steller-Bogen
Baklan	Kormoran
Blintschiki	eine Art Eierkuchen
Bobrowyje Kamni	Bibersteine (gemeint sind Seeotter)
Buchta Bobrowaja	Biber-Bucht
Buchta Bujan	Bucht „Raufbold"
Buchta Dikaja	Wilde Bucht
Buchta Gladkowskaja	Ebene Bucht
Buchta Golodnaja	Hungrige Bucht
Buchta Kislaja Kapusta	Bucht des sauren Kohles, gemeint ist eine Meeresalge
Buchta Kommandor	Kommandeur-Bucht
Buchta Korabelnaja	Schiffsbucht
Buchta Lisinskaja	Fuchs-Bucht
Buchta Oschidanija	Bucht der Erwartung
Buchta Osjornaja	Bucht des Sees
Buchta Peregrjobnaja	Schiffsschraube
Buchta Pestschanaja	Sandige Bucht
Buchta Podutjosnaja	Bucht in der Nähe der Klippen
Buchta Polowina	Halbe Bucht
Buchta Poludennaja	Mittagsbucht
Buchta Staraja Gawan	Bucht „Alter Hafen"
Buchta urile	Bucht der Rotgesichtigen Meerscharbe
Isba, Isbuschka	Hütte, kleine Hütte
Ikra	Kaviar, Fischeier
Kokteil imeni Beringowojo Morja	Mixgetränk „Beringmeer"
Magasin	Geschäft, Laden
Medny	Kupfern
Morskaja Kapusta	Meerkohl, gemeint ist eine Algenart
Mys	Kap
Mys Juschny	Süd-Kap
Mys Jugo-Wostotschny	Südost-Kap
Mys Monati	Kap der Seekühe
Mys Nepropusk	unpassierbares Kap
Mys Ostrownoi	Insel-Kap
Mys Seweno-Sapadny	Nordwest-Kap
Mys Sewerny	Nord-Kap
Mys Tolstoi	Dickes Kap
Mys Tonkij	Dünnes Kap

Mys Tschorny	Schwarzes Kap
Mys Wakselja	Kap des Leutnant Waxel
Myschka	Mäuschen
Osero	See
Osero Gawanskoje	Hafen-See
Osero Sarannoje	See der Lilie Saranka
Ostrow	Insel
Ostrow Ari Kamen	Insel des schreienden Steins
Ostrow Toporkow	Insel der Gelbschopflunde
Pereschejek	Landenge
Petschenje	Gebäck
Prasdnik	Feiertag
Preobraschenskoje	Verklärung Jesu
Produkty	Lebensmittel
Ptitschij basar	Vogelkolonie
Rybalka	Fischplatz
Saraj	Scheune
Schapka	Mütze, Hut
Skutschno	langweilig
Swinnyje gory	Schweine-Berge
Tanketka	Kettenfahrzeug
Tropinka	schmaler Pfad
Tuman	Nebel
Wesdechod	Kettenfahrzeug
Wodka	„Wässerchen", Branntwein

Literaturnachweis

Bobrik, Benson	*Land der Schmerzen, Land der Hoffnung* Droemer Knaur, München 1993
Bergmann, Sten	*Zur Kenntnis Nordasiatischer Vögel* Albert Bonniers Förlag, Stockholm 1935
Flint, V.E. und Golovin, A.N.	*Handbuch der Vögel Rußlands und angrenzender Gebiete*, Westarp Wissenschaften, Magdeburg 1994
Harrison, Peter	*Seabirds. An identification guide* Christopher Helm A & C Black, London 1983
Hartert, Ernst	*The Birds of the Commander Islands* Novitates Zoologicae XXVII; 1920
Johansen, Hans	*Revised List of the Birds of the Commander Islands*, Akademieverlag Reprint, Moskau 1991
Kotzebue, Otto von	*Entdeckungsreise – Südsee und nach der Beringstraße*, Gebrüder Hoffmann, Weimar 1821
Kuntze, Roman	*Dybowski Benidiktus als Säugetierforscher* Zeitschrift für Säugetierkunde, Bd. 7 1932
Nordenskiöld, Adolf Erik Freiherr von	*Die Umseglung Asiens und Europas auf der Vega*, Brockhaus, Leipzig 1882
Pasenjuk, L.M.	*Ich gehe durch die Kommandeur* Moskau 1974, in russischer Sprache
Posselt, Doris	*Die Große Nordische Expedition von 1733 bis 1743* Verlag C.H. Beck, München 1990
Semjonow, Juri	*Sibirien. Schatzkammer des Ostens* Econ Verlag GmbH, Wien Düsseldorf 1975
Sokolov, V.E.	*Naturressourcen auf den Kommandeurinseln* Akademieverlag Moskau 1991, in russischer Sprache
Stejneger, Leonhard	Georg Wilhelm Steller: *The pioneer of Alaskan Natural History*, Cambridge 1936
Steller, Georg Wilhelm	*Beschreibung von dem Lande Kamtschatka* *Reise von Kamtschatka nach Amerika* *Ausführliche Beschreibung von sonderbaren Meerthieren*, Unveränderte Neudrucke der 1774 in Frankfurt, 1793 in St. Petersburg und 1753 in Halle erstmal erschienenen Werke F.A. Brockhaus, Stuttgart 1974
Suvorov, E.K.	*Die Kommandeurinseln und ihr Pelzgewerbe* St. Petersburg 1912, in russischer Sprache
Wotte, Herbert	*In blauer Ferne lag Amerika* F.A. Brockhaus Verlag Leipzig 1974

Biographien

Ullrich Wannhoff (1952), Maler/Grafiker

Neben meiner freiberuflichen Tätigkeit beschäftige ich mich mit Studien der Ornithologie und Ethnologie. Beide Gebiete sind mir Anregung für Collagen und Bilder, die sich in zahlreichen Ausstellungen wieder zusammenfügen.
Meine Reisen führten mich von 1971 bis 1994 zwölfmal nach Rußland. Ziele waren der Kaukasus, Studienreisen nach Leningrad, heute St. Petersburg, die Halbinsel Kola im russischen Norden und Zentralrußland. In den letzten vier Jahren verbrachte ich viele Monate auf Kamtschatka und den Kommandeurinseln.

Karen Törmer (1963), Freie Architektin

Nach dem Studium der Kunst und der Architektur wechselten in den letzten Jahren Perioden des Reisens mit denen der Arbeit in meinem Beruf. Mehrere Monate verbrachte ich allein in Neuseeland und lernte ein fernes Land intensiver kennen. Die Auseinandersetzung mit der Natur, den Menschen und mit mir regten mich zur nächsten Reise an.
Auf den Kommandeurinseln verbrachte ich 1994 vier Monate.

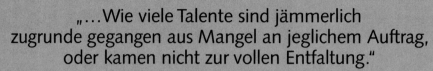

„…Wie viele Talente sind jämmerlich
zugrunde gegangen aus Mangel an jeglichem Auftrag,
oder kamen nicht zur vollen Entfaltung."

Adrian Ludwig Richter (1803–1884)

Ich interessiere mich für die Zielsetzung
und den Wirkungsbereich des
Neuen Sächsischen Kunstvereins e. V.
Es ist nicht ausgeschlossen,,
Daß ich Mitglied werden möchte.
Bitte übersenden Sie mir den
Gründungsaufruf, die Satzung,
und unverbindlich eine
Beitrittserklärung.

NEUER SÄCHSISCHER KUNSTVEREIN

Schloß Albrechtsberg
Bautzener Straße 130
01099 Dresden
Telefon 0351/556 55
Fax 0351/556 55

Impressum

Satz:	Jech & Moeck typefaces
Reproduktion:	Bildpunkt GmbH.
Druck:	Medialis GmbH.
Bindung:	Heinz Stein
Gestaltung und Herstellung:	Bernd Fischer

alle in Berlin

Zeichnung auf Seite 2: Peredowaja Bucht, Tusche, Karen Törmer
Perodowaya Bay. Black ink, Karen Törmer

© Edition DD
Alle Rechte sind bei den Autoren

Von diesem Buch erscheint eine Sonderauflage
von 100 Exemplaren
mit je einer Originalgrafik der Autoren

Kontaktadresse: Ullrich Wannhoff
Prießnitzstraße 21
01099 Dresden

ISBN 3-930398-01-X

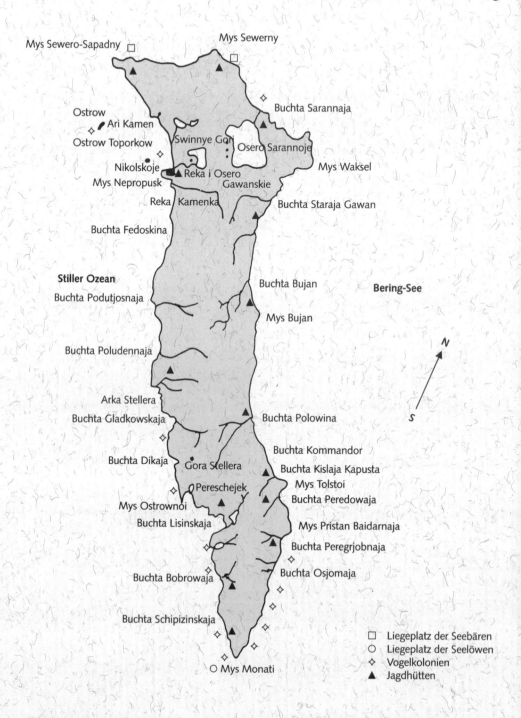

Die Beringinsel – Ostrow Beringa

Mys Sewero-Sapadny

Mys Sewerny

Ostrow

Ari Kamen

Ostrow Toporkow

Buchta Sarannaja

Swinnye Gori

Osero Sarannoje

Nikolskoje

Mys Waksel

Reka i Osero Gawanskie

Mys Nepropusk

Reka Kamenka

Buchta Staraja Gawan

Buchta Fedoskina

Stiller Ozean

Buchta Bujan

Bering-See

Buchta Podutjosnaja

Mys Bujan

Buchta Poludennaja

Arka Stellera

Buchta Gladkowskaja

Buchta Polowina

Buchta Kommandor

Buchta Dikaja

Gora Stellera

Buchta Kislaja Kapusta

Pereschejek

Mys Tolstoi

Mys Ostrownoi

Buchta Peredowaja

Buchta Lisinskaja

Mys Pristan Baidarnaja

Buchta Peregrjobnaja

Buchta Bobrowaja

Buchta Osjomaja

Buchta Schipizinskaja

N

S

Mys Monati

☐ Liegeplatz der Seebären
○ Liegeplatz der Seelöwen
◇ Vogelkolonien
▲ Jagdhütten